子どもの言葉と旅をして

鶴賀イチ

歴史春秋社

子どもの言葉と旅をして

子どもの言葉と旅をして　目次

三章　子どもの言葉の分類——51

一章　子どもと言葉と口頭詩

さて！　旅に出ようかと思います。

子どもの言葉たちに手を引かれての旅です。

長年勤めた幼稚園・保育所を去る時のことでした。オトナたちからは、「お疲れ様でした」と終わりを飾る花束をいただきました。ところが、その場に見えない多くのコドモたちからは、私を始まりへと誘う招待状が渡されたのです。そして、

「センセイはずっと子どもと一緒に居たんだから、一番の子どもの味方でしょ」

「センセイに色々いっぱい話したでしょ。子どもの気持ち、ちゃんと伝えてよネ」

「子どもは、これから大人になるんだよ！」

「オトナはむかし子どもだったのに、いつの間にかコドモを忘れちゃうんだよね」

「コドモはまだ子どもだから、気持ちをオトナにうまく伝えられないんだよ」

「私たちもオトナになったら忘れてしまうかもしれないから、
コドモを思い出せるように手伝ってね」

そんなこんなを、私に次々と話しかけてきたのです。もちろん直接の子どもの言葉ではなく、これは内なる私の思いです。しかし、私には子どもの声として聴こえ、子どもたちに何かを託されたような気がしたのです。

さて、その「何か」とは何でしょう。

実は、長年子どもの隣で過ごしてきて思うのですが、子どもには何か人間の深いものが潜んでいるような気がするのです。多分、子どもたちはその深さへと私を誘ってくれているのだと思います。誘われるままに、まずは一歩を踏み出してみようかと思います。

旅の杖は、「口頭詩」と言われる「子どもの言葉」です。「口頭詩」とは、まだ文字を持たない子どもの話した言葉を聞き取り文字に起したものです。つまり、普段の無邪気な子どもたちのおしゃべりです。

旅の目的は、その子どもたちの言葉から見える景色に触れること、やがて大人になる子どもたちがかつて子どもだった大人たちに話したいことや伝えたいことを、子どもの一番近くにいた者の務めとして翻訳することであり「繋げる」こと。

そんな思いの旅立ちです。

子どもの言葉との出会い

旅立ちにあたり、まず杖となる「子どもの言葉」について話さなければなりません。私は子どもの言葉に埋もれて長年を過ごしてきたわけですが、私と「子どもの言葉」との間にはいくつかの節目がありました。

はじめに「子どもの言葉」に気づかされたのは、当時は保母と言った保育士になって間もないころでした。ある日、窓辺で外を眺めていた三歳児の楽しそうな話し声が、私の腰のあたりから聞こえてきたのです。

「チューリップが咲いているよ！」

「赤いチューリップ！」

「黄色いチューリップ！」

「白いチューリップもあるよ！」

「蝶々も飛んでいるよ！」

そんな、春には極あたりまえの情景に感嘆する子どもたちの声でした。この時、私の目には色とりどりのチューリップはなく、砂場の向こうの家々の屋根と電線が映っていました。私は急いでしゃがんで子どもの情景に目を合わせ、もう一度立ちあがり、そして確認した目の高さに映る景色の違いに愕然としたのです。

春にはチューリップの花が咲くことは、花を見ずにも私は知っていました。チューリップの色も形も知っています。二十数年巡りくる季節の中で、すでに知識として定着していました。しかし、大人となった私が当然知っていて見慣れたことやいつしか既成概念と化してしまったことが、子どもにとっては素直な感動であり、感情を言葉で表現できる喜びや他の人と会話する楽しさに満ち溢れていたのです。

私は子どもの隣にいて、いったい何を見ていたのでしょう。子どもたちの一番近くに居ながら子どもの感情には遠かったのではないかという恐怖にも似た思いと、「子どもの目線に立つ」という言葉を業界用語として口先だけで使ってしまっていたのではないかという不安に襲われてしまいました。

今思えば、その不安と子どもの目線と言葉に出会って、私は「子どもの言葉」ときちんと向かい合う機会と覚悟を得たのだと思います。そして、それはきっと保育者としての自分との出会いでもあったのです。

「子どもの目線」を通して手繰り寄せられたのは、子どもの目の高さに直接的に目を並べることだけではなく、子どもの口元に耳を近づけること、すなわち心という源から発せられる言葉に心を寄せることではないかという思いでした。それから折に触れて子どもたちの言葉を書きとめ、クラス便りの一隅に載せて家庭に伝えたりするようになったのですが、まだこの時点では子どもたちの活き活きとした活動を活き活きした言葉で伝えたい、集団の中での子どもたちの姿を子どもたちの言葉を通して伝えたいという思いにすぎなかったように思います。それでも、いつの間にかアンテナ化した耳が、子どもの言葉をかなり敏感に捉えられるようになっていったように思います。

二つ目は、研修という形で、子どもの言葉を捉え広げる活動の機会を得たことです。「幼児理解とは」という内容の職員研修を、その手段として目線を幼児に並べて子どもの言葉を採集するという方法をとり、一年間をかけて幼稚園の七人の教員で取り組むことにしたのです。

ところが、残念ながらこの取り組みは研修の課題という設定がぎこちなさを生みました。クラス全員の言葉を拾いだそうという教師の意識が結構な重荷となってしまったのです。そこで、そうした一年間の反省をもとに、教師たち大人自身がもっと楽しみながら子どもの言葉に耳を傾け記録していくという方法で再チャレンジを図ることにしたのです。

とにかく、子どもたちの何気ない普段の会話を全職員で採集する、そしてそれを月に一度リーフレットにして保護者の元へ配布するという方法ではじめ、これが後々長年続くこととなりました。そのリーフレットは、「あのね」と名付けられました。

「あのね」という言葉は、子どもの会話の枕詞のようなものでもあったからです。その「あのね」には、紙面から今にも飛び出してきそうな活き活きとした方言のままの子どもたちの言葉があり、発行と同時に各家庭や地域に温かく受け入れられたのでした。子どもたちの振りまくかわいらしさと奔放さ、言葉から垣間見える深さや面白さを直感的に大人が受け止め、「あのね」は市民権ならぬ町民権を得たのです。

「あのね」は、やがて保育所や小中学校の教師やその保護者、行政をも巻き込み、様々な人の手を優しく繋がせて、幼保小中合同の「親子の会話展」の開催にまで導いたのです。小中学校の保護者も先生方も子どもの言葉に耳を傾けて採話し、展示や会場の準備に一体となって汗を流し、まるで祭りのようでした。また、児童生徒の言葉は幼児期からの大きな成長と思春期の複雑な心境さえも素直に見せてくれました。

私は毎月発行されるリーフレット「あのね」の主に編集という形で携わりながら、子どもたちの無邪気な言葉をたくさん聞きその言葉たちと対話を重ねました。

そうして子どもの言葉の採集とリーフレット「あのね」の発行は定着し、年数を重ねれば重ねるほど、私は子どもの言葉の魅力に引き込まれていったのです。

三つ目の出会いは、児童詩誌『青い窓』を主宰する佐藤浩先生との出会いでした。口頭詩を『青い窓』に送るたびにその感想が届き、佐藤先生の耳を通ると、子どもたちの言葉は深い考察を持って私たちの前に戻ってくるようになりました。すると、子どもたちのわずかな人生経験の中から見えてくる豊かな感性と哲学に驚嘆させられたのです。子どものためにとはじめた言葉の採集でしたが、その奢りはすぐに覆され、実に多くのことを子どもたちから学びました。生きる術を学んだと言っても、決して過言ではありません。たった数年の人生経験の中で、神のような言葉を語る子どもたちには尊敬の念さえ抱かされるのでした。

さて、そんな子どもの言葉の魅力やその豊かさを表現する言葉の源泉に、私は更に深い関心を持つようになりました。

子どもたちの言葉を長年聞いていると、毎年同じ年齢の子が同じようなことを言ったり、発達段階によって表現が変わってきたり、何かが違い何かが同じと感じたり、何となくジャンル分けのようなものができてきます。しかし、分類や統計の方法など心得ない私は、何となくと感じたままにジャンル分けを試みることにしました。「感性の芽」「科学の芽」「音楽」「成長」「ファンタジー」「体験」「アニミズム」「異性」「かんちがい」「家族」「言いちがい」「表現」「言いわけ」「連想」「せりあい」「自然」「意味づけ」「伝承」「とんち」「ユーモア」などの項目を設けてみました。

すべての口頭詩がいずれかに属するとは限らず、視点を変えれば別な捉え方もできるし重複することもありますが、迷いながらも私の主観により分類を試みることにしました。

言葉は単なる意志伝達ではなく心を立体的に表現するものであり、言葉を聴くことはつまり心を聴くということ、見えないもの同士を繋ぐということです。佐藤浩先生の宗教観、科学観、宇宙観などから導かれたことを思い起しながら、また「口頭詩」の歴史や子どもの言葉に心を寄せる多くの人々の思いなどにも迫りながら、人間の源流を訪ねてみたいと私は考えたのです。

「口頭詩」を通して何が見えてくるのか、私自身ワクワクするものがあります。「口頭詩」を詩的観点だけから捉えるのではなく、子どもの内側から発せられる言葉の意味や思考や発達の過程など、人間の始まりを考えるという視点も加えながら見ていきたいと思います。

口頭詩の歴史

まだ文字を持たない時期の子どもの言葉が他の人の筆記を持って綴られる、「口頭詩」という言葉はかなり古くから使われ、それは洋の東西を問わず世界各地で育まれてきたようです。その一端を垣間見るにすぎないとは思いますが、知りうる範囲の歴史や取り組んだ人々の思いに添ってみたいと思います。

『赤い鳥』鈴木三重吉と『コドモノクニ』鷲見久太郎

平成二十二年アシェット婦人画報社出版の『コドモノクニ名作選』は、大正十一年から昭和十九年の間に第二十三巻まで発行された『コドモノクニ』の名作選として復刻出版されました。その最後に、鷲見本雄氏の解説文があります。鷲見本雄氏は、当時『コドモノクニ』が出版された「東京社」の創業者であり編集長でもあった鷲見久太郎の孫にあたり、『コドモノクニ』の研究者でもあります。

その、鷲見本雄の「子どもの心を育てた童画童謡誌『コドモノクニ』」の解説の中に、「大正十一年一月、美術と文学、音楽を通して美しいものを美しいと感じられる幼児の情操を育むための教育を目指して、東京社（現・アシェット婦人画報社）から月間絵雑誌『コドモノクニ』が創刊された。これは、大正七年に鈴木三重吉により創刊された童話童謡雑誌『赤い鳥』と、鈴木の『子供たちに純正なものを、芸術性高きものを与えよ』という宣言に、東京社の創業者で編集長でもあった鷲見久太郎が触発された結果である」と述べられています。

この『コドモノクニ』を考える時、鷲見久太郎が触発されたという『赤い鳥』についてまず触れなければなりません。

童話童謡雑誌『赤い鳥』は、本来は小説家であった鈴木三重吉が、大正五年長女すずの誕生をきっかけとして童話への関心を抱くようになり、自らも童話を書く一方、童話雑誌の創刊を構想し、大正七年に創刊の運びとなりました。

『赤い鳥』は、昭和三年に休刊、昭和六年に復刊したものの昭和十一年に三重吉が亡くなり終刊となりましたが、芥川龍之介や北原白秋、有島武郎、菊池寛、西条八十、谷崎潤一郎など多数の著名な作家が多くの名作を残しています。また、『赤い鳥』の発刊は多くの文学者をも刺激し、『おとぎの世界』（山村暮鳥）・『金の船』（野口雨情）・

『童話』（千葉省三）など児童雑誌が相次いで創刊され、日本の児童文学の開花へ導いたと言われます。

『赤い鳥』は、教訓的で支配的だった児童文学を子どものための子どもが楽しめるものへと向かわせ、芸術的にもまた高めていったのです。このことは大きな変革であり、今日の児童文学の礎となったかと思います。

その理念は「子供たちに純正なものを、芸術性高きものを与えよ」であり、はじめは大人から子どもへの働きかけというスタイルを占めていたように思われます。しかし、出版回数を重ねるうちに読者の子どもたちからの作品の募集も行うようになり、新しい理念の元の小学校教育とその教師たちとともに広がりを見せるようになっていきました。

そして、童謡を発表するなど創刊から関わっていた北原白秋は、やがて子どもたちからの投稿作品の選者としての役割も果たすことになります。しかし、やがて十六年間共に過ごした三重吉と袂を分かつことになるのですが、この『赤い鳥』での子どもたちとのかかわりが、後に白秋を再び登場させることになったと考えます。

さて、『赤い鳥』に触発されたという『コドモノクニ』は、大正十一年一月から昭和十九年三月までの二十二年間発行されました。『赤い鳥』から四年後に創刊され、九年間は『赤い鳥』と同時期に世に出されたことになります。

その出版元が「東京社」であり、創業者であり編集者の鷲見久太郎の手によるものでした。鷲見久太郎は、国木田独歩（小説家、詩人、編集者）や窪田空穂（歌人、国文学者）、野口雨情（詩人、童謡を多く残した）たちとも親交を持ち、自らも歌人でありました。

創刊にあたり、編集顧問に倉橋惣三、童謡顧問に野口雨情と、ここに北原白秋を迎えています。そして、作曲に中山晋平、絵画に岡本帰一という芸術家たちが名を連ねています。

この時代は、欧米から広がりを見せていた「新教育運動」や「児童中心主義」の波が日本にも押し寄せ、「大正自由教育運動」などの個性や自由な表現を尊重する新しい教育理念が、大正デモクラシーの風潮と共に様々な分野で開花していった時期でもあったのです。

そんな中で『コドモノクニ』は、一流の作家や画家を迎えての月刊絵雑誌として、「子どもたちに本物の作品を」と提供してきました。

『赤い鳥』が近代童話の幕開けであったならば、『コドモノクニ』は近代絵本の幕開けと言えるかもしれません。

『赤い鳥』鈴木三重吉と『コドモノクニ』鷲見久太郎を最初に取り上げたのは、日本の国での「口頭詩」の起点ではなかったかと考えるからです。『赤い鳥』も『コドモノクニ』も子どもから引き出すよりはむしろ与えるという出発ではあったように思えますが、大正デモクラシーという時代背景の中で子どもそのものに焦点を当て子どもの側から考えた出版活動が、次第に子どもを主人公に押し上げていきました。

私たちが「子どものために」とはじめた活動が、子どもに学び子どもの世界の営みに魅了されていったように、『赤い鳥』や『コドモノクニ』に関わった大人たちもまた子どもの深みに誘われていったのではないかと思われます。そうした子どもたちに向けた活動が、やがて日本各地の子どもたちの声を引き出すようになっていったのではないかと考えるのです。

『赤い鳥』や『コドモノクニ』は、子どもは大人の小さいものではなく一人の人間として尊重し、その人格に匹敵する文学の提供の出発として挙げられることが多いのですが、それと共に、子ども主体の子どもの言葉に気づかされた始まりではなかったかと思います。『赤い鳥』から『コドモノクニ』に関わった北原白秋、投稿という形でかかわっていた金子みすゞたちがそれを物語っています。

『日本幼児詩集』―北原白秋編

幼児の言葉に「口頭詩」という言葉を用いたか否かはともかくとして、「口頭詩」という視点で捉えた最初の人物は北原白秋であろうと思われます。

新しい教育運動や大正デモクラシー、鈴木三重吉や鷲見久太郎の情熱を背景に、『赤い鳥』『コドモノクニ』の両方の選にかかわった北原白秋を通して、「子どもの言葉」は「子どもの詩」「口頭詩」として独立していったのではないかと考えるのです。

昭和七年四月に発行された北原白秋編纂の『日本幼児詩集』には、「大正十一年後半期より昭和六年の前半期に至る約十年間の集積である」と記されています。大正十一年は白秋が『コドモノクニ』に迎えられた年です。

白秋は当初、雑誌『コドモノクニ』において、撰者の名前を伏せて四月号より童謡の募集をはじめました。しかし、十月号からは撰者名を入れての童謡選評を書いています。その『日本幼児詩集』の「解題」において、「雑誌『コドモノクニ』に於けるわたくしの事業から得た収穫が主となり、これにわたくしの提言に共鳴して、おのづから協力してくだすった保育者たちの手に集められ、または単行の詩集として上梓されたものから、さらにわたくしが選抄して加えたものです。七章三百八十五編ことごとく純粋に日本幼児の詩であり童謡であります」と述べています。

引用が多くなりますが、巻頭には「日本の幼い子供たちの詩集、この日本幼児詩集こそ、日本で最初の総合的幼児詩集であります。わたくしは朗らかに、この詩集を世に贈り、明らかに満月のごとき微笑みを以て、この歓びを日本の家庭や幼稚園に分ちたいと思います。そうして責任を以て、之等の日本の幼児たちの本質を讃嘆するに否でないことを誓います」と述べられています。

続けて、「この日本幼児詩集は、日本で最初の幼児詩集であるばかりでなく、おそらく世界で最初のそうした詞華集であると思います。何処の世界に、これほど耀きに満ちた幼児の詩集がありましたか。此の天真の流露と、感覚の鮮新性と、必然の感動律と、その表現の自由とを見て戴きたいと思います。」と、その後にも誌面の多くを以て幼児の言葉への感動を表しています。

白秋はまた、「私たちの芸術教育の提唱は子供をほんとうのいい子供として、純一に真に生かそうとするからであります」と言い、「子供は本来が詩人なのです。清浄です。無邪です。天真です。鋭敏です。不思議を不思議とし、驚きを驚きとし、怒りを怒りとし、愛憐を愛憐とします。真実です。偽りません。佛性そのままに光り輝いています。そうして彼等は常に観、感じ、歌い、躍り、叫び、遊び、片時としても自己を自己としていないことはありません。ありのままです。あの遊びほれている無心な二つ三つの幼子の雙語（かたこと）の一つでも聴きのがさないでいたら、それがみんな一つ一つに詩の玉を吐いていることに驚かずにいられまい。」との思いを持ち、「彼らは透明です」と、子どもの素直な言葉が白秋に迫りくる感動が伝わってきます。

この白秋偏『日本幼児詩集』に収められている口頭詩の特徴は、白秋の詩人としての目線と言えるかと思います。子どもの言葉の採集は保育者が中心となっており、

田舎の朝　　東京　中村れい子

お背戸でねぇ、
とんと鶏ないたけど、
まだねむいなぁ。
ばらの花咲いたけど、
まだ眠いなぁ。
朝のお日様早いぞ。

お洋服　　　　　加藤喜一郎

喜（きい）ちゃん、
お洋服取りかへたよ。
お山も見ておくれ、
木も見ておくれ、
葉っぱも見ておくれ。

このように、総じて一人称表現となっています。

「描くともをかしくとも、兎に角みんな詩です。童謡です。うたです。」との表現にも見えるように、また、経緯が『日本幼児詩集』は雑誌『コドモノクニ』の童謡募集であることからも童謡的な視点が大きく占められています。

現在も日本の各地で地道に子どもの言葉を採集している幼稚園や保育園がいくつかあり、その手法はこの白秋の流れを汲んだ一人称的記録方法が多いように思います。

白秋は詩人としての視点で子どもの言葉を詩として受け止め、この幼児詩集を感動の内にまとめ上げたのです。

『南京玉』――金子みすゞ

『南京玉』の題の後に「娘ふさえ・三歳の言葉の記録」と記されているように、昭和四年十月下旬から昭和五年二月九日までの約三か月の間の金子みすゞによる娘の言葉の記録です。言葉の採集が終わっているその一か月後の昭和五年三月十日、二十六歳の若さで自らの命を閉じたみすゞの間際までの娘への愛情を込めた記録なのです。

大正十二年、二十歳から童謡を書きはじめたみすゞは、雑誌『童話』九月号に投稿作品が掲載されたのをはじめとして、『婦人倶楽部』『婦人画報』『金の星』に一斉に掲載され、その多くの雑誌の選者であった西條八十に見出されます。西條八十はまた『赤い鳥』にも多くの作品を発表し、北原白秋と並ぶ大正期を代表する童謡詩人でもありました。そんな、これからを期待される新人のみすゞが最後に残したものは、自分の言葉ではなく幼い子どもの言葉「口頭詩」でした。

みすゞは多くの童謡を書きながら、『赤い鳥』や『コドモノクニ』の幼児の投稿詩にも目を通していた筈であり、大正十五年に結婚し母となったみすゞは詩人ならずとも幼児の言葉の無垢な詩に共鳴したことは大いに想像されます。

この『南京玉』は、娘ふさえが盛んに言葉を発しはじめる三歳という年齢だったこと、みすゞが夫との離婚を前に心身ともに疲れ切っていた中で娘だけがおそらく唯一の向かい合える存在でもあったであろうこと、またそのころすでに命を絶つ覚悟を定めていたかもしれないことを考えると、娘の言葉に心と全神経を傾けて言葉を受け止めていたであろうと推測されます。

『南京玉』の最初には、「南京玉は、七色だ。一つ一つが愛らしい。尊いものではないけれど、それを糸につなぐのは、私にはたのしい。この子の言葉もそのように、一つ一つが愛らしい。人にはなんでもないけれど、それを書いてゆくことは、私には、何にもかへがたい、たのしさだ。南京玉には白もあるし、黒もある。この子の言葉は、意味はなくとも、また詩なんぞはなほのこと、えんもゆかりもなくっても、ただ創作でさえあれば、残らず書いてゆくことだ」と記しています。

「オ月サマ、コンヤ、ボンヤリシテル、
　オホシサマ、ヒトツモデトラン、
　夕焼モ、モウナイネ。」

もしかしたら、この詩の間にみすゞの応答の言葉も入っているのかもしれないとも考えられます。しかし記述としては、北原白秋同様一人称の表現となっています。

この三百四十七編の娘の言葉が綴られた『南京玉』こそ、母親による日本で最初の見事な「口頭詩集」であろうと思います。

チュコせんせいの『ことばと心の育児学』―チュコフスキー〝2歳から5歳まで〟より

日本から少し世界に目を移し、チュコフスキーの2歳から5歳までの言葉を対象にした『ことばと心の育児学』から子どもの言葉を考えてみることにします。

北原白秋が「日本の幼い子供たちの詩集、この日本幼児詩集こそ、日本で最初の総合的幼児詩集で、日本で最初の幼児詩集であるばかりでなく、おそらく世界で最初のそうした詞華集であると思う」と述べていることは先に記したとおりですが、じつは旧ソビエトのチュコフスキー・コイネル・イワーノブヴィッチ（一八八二～一九六九）は、後に増補改訂されて「2歳から5歳まで」の題となった『小さい子ども』を一九二五年に出版しています。時代を照合してみますと、『小さい子ども』の発行は大正十四年に当たり、『日本幼児詩集』は昭和七年ですから、その八年後となります。ただ、白秋は大正十一年から十年間の取り組みをまとめていますから、ほぼ同時代に洋の東西を問わず幼児の言葉への関心が寄せられていたということはとても興味深いことです。

さて、作家であるチュコフスキーが「まったく偶然なきっかけによって生まれた」というように、病後の療養中に出会った子どもの言葉からこの本が生まれています。

「わたしのまわりは、甲高い子どもの話声にあふれていました。はじめのうち、その話し声に楽しさだけしか感じなかった私でしたが、やがて次第に、子どもの言葉が美しいばかりでなく、学問的に高い価値を持っていることを、確信するようになりました。子どもの言葉を研究することで、気まぐれに思われる子どもの思考や心理の実態が、明らかになるに違いないと思ったからです。」と著者の言葉にあるように、「詩」としてとらえた白秋に比して、チュコフスキーには「子どもの言葉の研究」という観点から捉えられています。

また、初版において「私が序文の中で、自分は教育家などではなく作家であるとむきになって宣言した」が、教育学者のマカーレンコから、「自分で自分の顔を汚すようなまねは、おやめになったらいかがですか。いやであろうがなかろうが、あなたは根っからの教育家ですよ」との叱責により、何年か後の重版の際には「私はこの本の教育的本質を浮き彫りにすることにし、幼児の言葉の発達にあてられている部分に〈言語教育〉の章を加え、子どもの作詩を扱った部分では、〈詩の教育について〉という章を思い切り拡大するといった方法で講じました」と記しています。つまり、題名にも「育児学」とあるように、教育的観点から子どものそれぞれの言葉を分類し、章を設け、言葉の成り立ちや発達、子どもの思考心理、大人のかかわりなども丁寧に深く述べられています。

そしてもう一つの大きな特徴は、

「おばあちゃん、おばあちゃん死ぬ？」

「死にますよ」

「そしたら穴のなかにうめられる？」

「うめられますよ」

「どんどんうめられちゃう？」

「どんどんうめられますよ」

「そのあとで、あたしおばあちゃんのミシンをまわそうっと」

といったように、日本の一人称に比して対話形式の採集となっています。

日本における詩的な観点とは趣を少々違《たが》えますが、子どもの言葉に対する面白さや愛情、感動においては共通していることが感じられます。


『子どもたちの百の言葉』―イタリア―レッジョ・エミリア市幼児教育実践記録―

「でも、百はある／子どもには／百とおりある／子どもには／百のことば／百の手／百の考え／百の考え方／遊び方や話し方／百いつでも百の／聞き方／驚き方、愛し方／歌ったり、理解するのに／百の喜び／発見するのに／百の世界／発明するのに／

百の世界／夢見るのに／百の世界がある／子どもには百のことばがある／（それからもっともっともっと）―後略―」

イタリア、日本の両政府主催による「日本におけるイタリア２００１年」が開催された折、その会場のひとつであった金沢市に私は足を運び、まずこの言葉を目にしました。そして歩を進めると、その先には言葉というよりも絵画的創造的作品が多くありました。それは、レッジョ・エミリア市の「子どもの表現力、コミュニケーション、象徴的、認知的、倫理的、隠喩的、論理的、想像的、関係的な、あらゆる言語の発達を通して子どもの形成を育みます」という一九七〇年代初期からの「０歳から６歳までを包括する総合的な教育プロジェクト」に基づくものでした。

レッジョ・エミリア市の教育は、それぞれの子どもたちの意思を尊重し、感性を生かし、子どもが学ぶ権利を考え、コミュニケーションのとり方やその為の環境を重視しています。そして、一つのテーマについて一つの表現方法ではなく、線画・描画・模倣・言葉・数・身体表現など、深く掘り下げていくのです。私はその立体的な表現に圧倒されながら、絵画や造形と対になって表現されている子どもたちの言葉にやはり目が引かれるのでした。

「天使はあんまり音をたてない。そして空気で出来た声で話すんだ」

天使を描いた絵にはこんな言葉が添えられ、絵と言葉が一体となり表現されています。それらの言葉は、イメージの造形的表現であり、また「口頭詩」でもありました。

口頭詩の別の面と違う角度が見えたような気がしました。

「口頭詩」の東西をほんの少し紐解いたにすぎませんが、十九世紀末から二十世紀初期にかけて、地域により人により様々な視点観点はあるものの、世界の各地で「子どもの本質」「子どもの新しい教育」に深い目が向けられるようになっていったということが見えてきます。今ここに子どもの言葉を考える時、当時の子どもたちの息づかいが今にも聞こえるような言葉が残されているという意義は大きく、『赤い鳥』や『コドモノクニ』が果たした役割の大きさを感じます。また同時に、当時の人々の思いの熱さや覚悟や意気ごみなどが迫りくるようです。

ところで、子どもの言葉を考えるにあたって、なぜ口頭詩の歴史からだったのかと言いますと、私が記録をはじめたのは子どものつぶやきや子どもたちの会話であって、口頭詩という言葉や捉え方は後付けだったからです。なぜ子どもの言葉が口頭詩という形で扱われるようになったのか、いつからでどうしてなのかということが、まずはの疑問でした。そして口頭詩について調べはじめてみて、子どもたちに子どもの側から焦点が当たりはじめた歴史が浅いことに驚きました。その始まりは大正時代であり、大正時代と言えば私の両親が生まれた時代であり、手を伸ばせば届くような感覚がなくもありません。人類の長い歴史から見れば、最近と言えば極最近のことなのです。それ以前は、世界的に見ても大人が子どもに教えるまたは反復させるなどの方法で、与えることや順応させるような教育方法がとられていたようです。しかし、「新教育運動」に始まる改革は、日本での子どもたちの見方捉え方を変えていきました。

この大正という時代に、「口頭詩」という捉え方が始まったように思います。ただ、口頭詩という言葉自体は、いつどこで生まれて使われるようになったのかはわかりません。しかし、言葉自体よりも、子どもの言葉がまずは「詩」として受け止められたことが重要に思います。子どもの言葉を発見し喜び、興奮と感動をもって北原白秋という「詩人」が子どもたちの言葉に出会い気づいたということが、日本における「子どもの言葉」にとって大変重要なことだったと私は思います。

同時期の旧ソ連では、「教育家」であるチュコフスキーによって「教育」の観点から子どもの言葉が読み取られました。時代は少し後になりますが、イタリアのレッジョ・エミリア市においては、表現や創造など芸術的な要素が見られます。つまり、カモは最初に出会ったものを親と認識すると言われるように、子どもたちの言葉に最初に出会った人の捉え方がその国の方向性となったように思います。

欧米では割合冷静に客観的に捉えたのに対し、日本では感動と興奮をもって子どもの言葉が受け止められました。

四季の移り変わりや自然との共生の中に育まれた、情緒豊かな日本らしい捉え方に始まったこの「口頭詩」の歴史を、私はとても喜ばしく思います。

この口頭詩の歴史から私に見えたものは、「思い」でした。子どもに一人の人間としての目を向け、子どもの言葉をそのままに抱くように受け止めた先人の思いです。この先人の思いに、私は感謝せずにはおれません。

大切に繋いでいきたいものだと思います。

二章　子どもの言葉の背景

口頭詩と子どもが一人の人間として見られるようになった歴史が少しわかったところで、次に子どもの言葉の背景にあるものを考えてみたいと思います。

毎日、子どもたちの言葉は数えきれないほど生まれ、シャボン玉のように生まれてはすぐに消えていきます。言葉は自分の思いを表現するための手段であり他の人とのコミュニケーションの手段でもあります。その言葉を書き留めるということは、ある意味特別の行為なのかもしれません。しかし、子どもの言葉を書き留めるか否か、その大人の行為によって見えてくる風景は大きく異なると思います。

「子どもの言葉は面白い」「何か味があり、宝物が隠されている」というような「何か」に魅力を感じながらも、書き留めなければすぐに忘れ去られます。しかし、書き留めて文字に起し咀嚼し味わうことによって、子どもがより深く見えるようになってくるのです。

子どもというより、もはや人間が見えると言っても過言ではないように思います。

子どもの宇宙

なっとうフワフワ
　ゆうへいくん　「あのね、ぼくんちで　なっとうのいとが
　　ふわんふわんと　いっぱいとんでいったんだよ。
　　そして、おかあさんがつかまえたんだ」（四歳児）

おばけの絵本を読んでもらって
　たくくん　「いってきまぁ〜す」
　先生　「どこへ行くの？」
　たくくん　「おばけのとこ。そして、買い物に行くの。
　　先生来てだめだよ。こわいからね」（二歳児）

まずは幼児の思考の大きな特徴として、三次元と四次元を瞬時にして自由に行き来

できるパスポートを携帯し、大きなひとつの宇宙の中に存在しているのではないかというような観があります。

例えば、「なっとうフワフワ」の情景状況を想像するに、納豆をかき混ぜた時にたくさんの糸が立ち、お母さんがその糸を切り取るべく動作を起こしたのでしょうが、子どもにとっては納豆が自らの意思をもってフワンフワンと飛んでいき、お母さんが逃げる納豆を追いかけて捕まえたような感覚でとらえています。また、お化けの絵本を読んでもらった後に、絵本の世界に簡単に入り込んで行ってしまうその行動力は、次元を瞬間移動できる子どもの柔軟さにあります。

花のきもち

先生　「お花いっぱい咲いたね」

めぐみちゃん　「うちに、いっぱぁい　百ぐらい花あるから
なに言ってるかわかるよ」

先生　「ふ～ん、なに言ってるの？」

めぐみちゃん　「アリが歩いているから　くすぐったいって
言っているんだよ」（五歳）

このように、子どもは花と大人の間に立って言葉を仲介することもできれば、雨や風や虫や花も絵本の中のお化けにさえも同等の命を感じて日々を暮していきます。子どもの中に、国境もそれ以外の境も見当たりません。どうやら、現実とファンタジーが交差しているあたりに子どもの空間は存在しているようです。つまり、分化されていない、大きな一つの宇宙の中に子どもは存在しているのです。

人間社会は、小学生になれば各教科の学習が生まれます。中学・高校と更にそれは細分化され、大学に至っては極専門的な一部分を扱った深い学びとなります。

林檎を例に考えれば、大学生は三十二等分ほどの薄い一かけらを食べ、中学生では八分の一、小学生では四分の一、そして幼児期には球体の丸々一個の林檎の宇宙を齧るというようなイメージになります。要するに、幼児期は総合的な学びなのです。見方を変えれば、幼児期に丸ごと一個の林檎の味を体を通して知っているからこそ、就学期以降の学習が可能になるとも言えると思います。最初の林檎がどれだけ大きく豊かなものであるかということが、その後の学びの大きな礎となるのです。

乳幼児期を探る道の入り口は、細分化をあたりまえとしている大人自身が、子ども目線の視点を持ち子どもの空間に身をおいてみることです。そして心を鎮めて、ゆったり流れる時間と雄大な自然に浸ってみれば、誰しもが自分の子ども時代に共鳴するはずです。

大人たちみんなに、確かに子ども時代があり、子どもの時に見た目線の低い景色こそ、最も大事な景色だったことを思い出させます。

「口頭詩」を考える上においても幼児理解という観点からも、この子どもの宇宙観を柔軟に受け止めなければ一歩も進めないのです。

文字の獲得以前

言葉は、空気同様にあたりまえすぎるほどの存在です。もしかしたら、言葉を持たないかに見える動物にも共通の伝達語があり、ある意味言葉と捉えることができるのかもしれません。しかし、残念ながら私たちはその言葉を共有するには至っていません。人間にもまた、言葉のない時代がありました。そんな当時は、身振り手振りや絵を描くことなどで大まかな伝達やコミュニケーションが図られていたのかもしれません。

ある時、面白い光景を目にしたことがあります。画家の兄弟の会話です。私たちが多くの言葉に身振り手振りまで加えて話している中、その二人はそれぞれにペンを持ち、間に置いた紙の上に絵を描きながら言葉を少々添えて話していました。

この二人の状況から音声を取り除いた姿が、文字や言葉のない時代の伝達でありコミュニケーションだったのかもしれません。そうした行為の繰り返しの中に規則性が生まれ、やがて絵文字や象形文字を生み出し音声が加わって言葉へと発展していったのでしょう。
そんな言葉のなかった時代があったことなど忘れがちですが、子どもたちの言葉はその忘れている部分を時々刺激してくれます。

昔の人
ひろくん　「ぼくな、昔の遊び知ってるよ。じいちゃんとお父さんに聞いたの」
まゆちゃん　「昔はお店におもちゃがなかったんだって。だから、おじいちゃんは、竹馬とか竹とんぼを作ったんだって…」
ひろちゃん　「わたしのおばあちゃんはね、昔話をよくしてくれるよ。よ〜くはおぼえてないけれどもね、おもしろいんだよ」
ひろくん　「むかしの人だちは頭がいいんだなぁ」（五歳）

そうです。昔の人たちはとても賢いのです。故事ことわざや昔話、わらべ歌、子守唄、民謡など、いずれも口頭による伝承です。思えば、私たちの世代からそう離れていない祖父母の時代までも、文字を獲得する機会に恵まれない人たちはたくさんいました。しかし、人々は唇に文字を書き、おおらかに誠実に、唇から唇にたくさんのことを伝えてきたのです。そこには、音楽を伴ったり簡潔な四字熟語であったり、響きのよい端的な言葉であったりと、何代後にも伝え続くべく工夫が配置されています。そして、このいずれからも文字とはまた一味違う味わいが感じられ、言葉の持つ不思議な力が感じられます。

五木寛之著『歎異抄の謎』（祥伝社新書）を読んでいたら、こんな文章にぶつかりはっとしました。「大事な信仰の本意を表現した文章を、広く人々に読ませるということは、今では当然のこととされていますが、当時は文字は肉声の代用品でした。—中略—ブッダ以来、仏教だけでなく、すべての思想や信仰は、人から人へ、肉声で伝えられるべきものと考えられてきました。しかし、文章や活字は、その人間の声、生の言葉を代用する道具なのです。」これは子どもの言葉とは全く違う角度からのものですが、文字があまりに当然として育ってきた私には、「肉声の代用品」であり「生の言葉を代用する道具」という言葉に立ち止まりました。そしてまた、佐藤浩先生がかつて話されていた、「活句従来紙墨《かっくじゅうらいしぼく》に落ちず」という言葉を思い出しました。これは禅の言葉で、「いきいきとした話し言葉は文字にされて紙や墨のお世話になるほど落ちぶれてはいないよ、という意味になりましょう」と、著書『童顔の菩薩たち』の中に述べられています。

これらの言葉を並べてみるとなるほどと思うのですが、言葉と文字を全く並列程に思っていた自分に驚いたのでした。そして、文字以前の子どもたちの言葉はその原点にあり、純粋に「人間の声」「生の言葉」であると改めて思わされるのです。

さて、幼児期の言葉は故事ことわざや民謡などの伝承とは多少意味が異なりますが、文字をもたない文化として共通しています。

口頭詩は、一人の子どものつぶやきであったり、友達同士のおしゃべりであったり、親子家族の対話であったりとスタイルはさまざまですが、誰か一人書き手がいることではじめて形となるものです。文字をもたない子どもたちの言葉を捉えるためには、文字と愛情と豊かな感性を持つ大人が不可欠なのです。そして、北原白秋が「たとえばいかほど拙なく、口調がととのわず、訛りが多くても決して大人の手で添削したり、訂正したり、飾ったりしてはならないことです。ありのままでなければ木地としての尊さも親しさもありません。またそれは子供たちに対してあまりにも失礼なことであります。」と『日本幼児詩集』の中で述べているように、このことをよく理解し丁寧に言葉を拾うことが書き手にとって重要なことです。自ら文字にするとは違い、思考に踏みとどまることもなく、飾ったり読み手を意識するという欲もなく、全身全霊からほとばしる言葉が文字以前の言葉なのです。

数億年を再現して生きる子どもたち

「ある六月の雨上がりの日、少しぬかるむ園庭で子どもたちは裸足で遊びはじめた。フカフカする土の感触をしばらく楽しんでいたが、そのうち手でならしはじめた。すると、それは田んぼのイメージと重なり、近くに生えていたひょろりと伸びた草は早苗に見立てられて田植えが始まった。それは延々と二時間近く続けられ、最後に田んぼに水を回して更に水で浮いた苗の手直しさえも行われて遊びは終了した。『秋になったら、うま～い米ができるぞ』という子どもたちの晴れ晴れとした顔に、私は農の心を見た思いがした。

『まぜて！』と、楽しげな子どもたちにたまらず混ざったはずの私は、実は子どもたちのように本気で遊んではいなかったと恥じた。本気で遊ぶことは、本気で生きることだと気づかされた」

これは自著『言の葉咲いた』に記した子どもたちの遊びを通して感じた私の思いで

すが、それにしても、なぜ、すでに機械化している時代に生まれた子どもたちが手植えの田植えを遊びの中に再現できるのか、その不思議さにまずは戸惑います。

こうした、随所に見られる子どもの遊びの深さ、言葉の豊かさの根源は生命の神秘さと無関係ではないような気がしてなりません。

ドイツの生物学者ヘッケルが一八六六年に提唱した反復説によりますと、人間の生命が母親の胎内に宿りそして誕生するまでの間には、人間が何億年も費やして進化してきた、魚類や両生類、爬虫類などの過程をたどると言います。

佐治晴夫著『ゆらぎの不思議な物語』の中にも、発生生物学者から聞いた話として「受精後三十二日目にはエラの面影が残り、古代軟骨魚類を思わせるそうです。今から四億年前に、陸に行くか海に残るかの選択を迫られたころの面影です。

三十四日目で、鼻がすぐに口にぬける両生類の顔になり、三十六日目には、原始爬虫類として三億年前に陸に上がったころの表情になり、三十八日目になると、肺で呼吸ができるように、器官やのどが形成され原始哺乳類の顔つきになって、四十日目にヒトらしい姿になるのだそうです。まさにこの八日間で、地球が一億年かけてやったことを駆け抜けるのです。」

とその過程が書かれています。

更に、幼児期には何百万年という人類の生活の歴史を遊びの中に再現するとも言われます。

ヘンリー・デイヴィット・ソローはその著書『森の生活』（ＪＩＣＣ出版局、真崎義博訳）「開拓者たちは、はじめ［穴］の中で暮らしていた」の章で、

「子どもはみんなある程度まで世界をその始まりから生きるものだ。それで雨が降っても寒くても、家の外にいるほうが好きなのだ。またそういう本能を持っているから、お馬さんごっこはもちろん、秘密の隠れ家を作って遊んだりもする。きっと誰でも、小さいころ、棚のようになった岩や洞窟の入り口を見つけた時の興奮を覚えているだろう。それは、今でも僕らの中に息づいている太古の先祖からのそういうものに対する自然なあこがれなのだ」という一節を書いています。

確かに、ヘンリー・Ｄ・ソローの洞窟の話は、まさに時代を超えて子どもたちの言葉の中に見られます。

昭和七年に発行された『日本幼児詩集』の中には、

がけの穴を見て　　東京　水野　久

蛇が出てくる、

蛙が出てくる、
みみずが出てくる、
兎が出てくる、
雉が出てくる、
桃太郎と
鬼が出てくる。

という口頭詩が載っており、平成の現代においての幼児たちも洞窟の前でこんな言葉を発しています。

馬頭観音の石碑の下で
しょうくん　「どうくつあんだよ」
やっくん　「ばくはつしたあとだよ」
ひろくん　「クマが住んでた穴だよ」
ひでくん　「宝物はいってんだよ」（四歳）

いずれも、洞窟の前でわくわくドキドキしている子どもの姿が伺われます。

たしかに、子どもたちは穴にもぐったり、石を持って草や木の実を砕いたりして遊びます。また、棒や長いものを持ったなら叩いたり描いたりという行為が生まれ、泥遊びではこねたり丸めて形を作ったりします。

「それは、今でも僕らの中に息づいている太古の先祖からのそういうものに対する自然なあこがれなのだ」というソローの言葉に頷けるのです。

幼児期のたくさんの遊びの中で、子どもたちは石器時代や狩猟時代、縄文や弥生時代も駆け抜けるのです。遊びがすべてともいえる幼児期の生活は、はるかな過去を凝縮した豊かな文化を基礎として営まれているのです。

七歳までは神のうち

ブランコ

たかよしくん　「ワァーッ、

お山がみえる！

車がみえる！

さくらがみえる！

神さまがみえる！」（四歳）

トンボのお墓（パンパンと拍手を打って拝んだのち）

りょうくん「どうぞ生きますように！うん、これでよし！」

なおきくん「どうぞ、生きてまたきてください。

よし！これで神様もわかったぞ！」（四歳）

「ブランコ」の最後の「神様が見える」という言葉は、作為が見られると言われたことがあります。私が私自身の耳で採集した自信もあって、むきになって「それは大人の目で子どもを見るから」と反論してしまいました。神様が何であれどんな形であれ、子どもには神様がみえたはずです。「トンボのお墓」は、昔の人たちもきっとこうして輪廻転生を願ったのだろうと思います。科学の発達により様々なことが解明されてわかるようになったことも、「わからない」という時点において原始の人と子どもには共通点があり、同じ思考と願いを持ったのだろうと思います。原始が見えるようで興味深く、子どもと神様の近さも感じられるのです。

昔、子どもは神に一番近い存在として扱われており、子どもの行為は神の意思として、祭りや年中行事のさまざまに主役として子どもが登場していました。子どもがカミとヒトの仲立ちをするという考えは、幼児期は前述したように現実とファンタジーの世界を自由に行き来する独特の時期であることを先人はきちんと理解していたのだろうと思います。

昨今は、「子どもは大人を小さくしたに非ず」という意識がどこか薄れ、「神の内」の部分が子どもの範疇から押しやられて退化しているようにも思われてなりません。

七五三の祝いも済み、数え年七歳になって小学校に入学し、自分の思いを自分で表現できる文字を獲得していくということは、ある意味でカミと決別し人間界に入っていくということなのかもしれません。しかしそれ以前においては、「カミとヒトの間に存在する」という子ども理解こそ、幼児期を理解するうえでは大切な視点なのです。

子どもの言葉を考える時、就学前の子ども独特の世界観が背景にあることをまず知らなければなりません。やがてそれぞれの人格の核を成す、この時期の子どもの自由で豊かな発想は何よりも大切に育まれなければならないものだと考えるのです。

三章　子どもの言葉の分類

「子どもには広大な宇宙観があり、何十億年もかけて組み立てられてきた人間のDNAをはじめから紐解き、神と人の中間あたりに存在する感がある」というような何とも抽象的な言い回しになるかもしれませんが、子どもの背景にはそんな漠然とした中に何かがあると感じ取ることができるかと思います。さて、ここからはいよいよ旅の本道に入ると言いますか、採集を重ねてきた私の身近な子どもの言葉について考えてみたいと思います。

佐治晴夫著『ゆらぎの不思議な物語（PHP研究所）』において、「美しさ」とは「それが二度と繰り返さないこと」であり、その二度と繰り返さない美しさを生み出しているのは、宇宙の「ゆらぎ」によるものだといいます。更に、「本当の言葉の魅力とは、まさに言葉は沈黙を破ってやってきて、再び沈黙の中に沈潜していくという音の『ゆらぎ』の中にあると言っては言いすぎでしょうか。私たちの生もまた、沈黙において、過去、未来とつながっている『ゆらぎ』のような気がします。」と、言葉の魅力が宇宙的な視点で語られています。そして詩を取り上げ、「詩のおもしろさ、素晴らしさは、言葉それ自身が持つ本来的な意味にとらわれることなく、その言葉からつぎつぎと連想をたくましくして想像の世界に遊ぶこと、そしてその中に究極の真・善・美を直感的につかむというところにあると思います。」と述べてあります。

科学の視点から見た著者のこれ等の言葉は、子どもたちの会話から見え聞こえる言葉と重なります。子どもたちの言葉は、まさに「二度と繰り返さない美しさ」を持ち、「つぎつぎと連想をたくましくして想像の世界に遊び」、「究極の真・善・美を直感的につかむ」魅力に満ち溢れているのです。

長い間子どもの隣で過ごしてきた私には、幸いに子どもの言葉の背景や表情が見えます。言葉と行動と表情が一体となって、弾むように歌うように見えてきます。その魅力的な子どもたちの言葉を、思いつくまま勝手な分類法ではありますが、私なりに考察を試みてみようと思います。

分けるにはその前に集める作業がありますが、これは平成四年度から平成二十年度まで十六年間の中で私がかかわった子どもたちの言葉です。まずは、三千編を超えて集まった言葉をいくつかに分類して似たものを集めて括りました。次にそれを大きく二つに分け、おそらく成長の縦糸となるであろう「発達における子どもの内面的側面」が見えるもの、その横糸となるであろう「子どもの発達を促す環境的側面」という括りを設けました。それらの中から見えてくる景色を味わってみたいと思います。

成長の縦糸―発達における子どもの内面的側面

疑問と感動の源
―科学の芽―

児童詩誌『青い窓』を主宰していた佐藤浩先生が、「感嘆符は感動の芽、疑問符は科学の芽」と言っていたように、子どもたちの科学の芽は疑問に始まります。

私たちが全く経験のない世界におかれた時に疑問や興味や好奇心に襲われると同じように、人生経験一年から五年程の子どもたちの世界は「なぜ?」や「どうして?」などの不思議さに満ち、この疑問符こそが「科学の芽」の発芽となります。

子どもたちは疑問を疑問のままに終わらせはせず、その芽に自ら水を与え育てようとします。短い人生経験の中から知恵のかけらを集めて、精一杯の思考をするのですが、それが見当はずれであろうと正しくなかろうと、それはそれでとても価値のある

「生きた思考」です。

まずは、そんな科学の芽生えであろうという観点からの子どもたちの言葉を見てみたいと思います。

水道談義

こうだいくん　「あわが吸い込まれていく〜」
まさとくん　「水も吸い込まれてく〜」
まさとくん　「あっ、発見！穴（蛇口に）があいてるぞォ。まあ〜るいぞォ」
こうだいくん　「入口？　出口？　…水ってどこから来るんだろう」
まさとくん　「ここ（蛇口）から、ず〜っとこうやって出てくるんだよ」
こうだいくん　「海から来るのかな？」
まさとくん　「ちがうよ。だって、海は遠いから無理だよ」
こうだいくん　「そうだ！　土の中、ず〜っと通ってくるんだよ」（三歳児）

プールで

あつやくん　「先生、どうして目を開かないの？」

先生
「まぶしくて、目を大きく開けられないんだよ」

あつやくん
「じゃぁ、どうしてお魚って
まぶしくても目を開いて泳げんのかなぁ?」（四歳児）

水道から出る水とそれを吸う土の関係において、その泡が吸い込まれ水も吸い込まれる不思議さと、水の入り口か出口か、水はどこから来るかの疑問、海水が地中を通るのかの思考、その新鮮な疑問と考察は科学者さながらです。また、先生が「まぶしくて目を開けられない」というのに、魚はなぜまぶしくても水の中でも目を開いていることができるのか?子どもへの返答に詰まってしまいます。しかし、新鮮な疑問に満ちた水道談義やプールでの話は、子どもの科学談義でもあるのです。

子どもたちはこれらの疑問を脳の内側に仕舞い込んで、やがての学びの中から回答を見出すことができる大人へと成長していくのでしょう。

実験

しゅうくん
「泥に草と土と石を混ぜたら
何になるか実験したらね
やっぱり泥のままだったよ」（四歳児）

粘土遊びから

しょうくん　「丸いサイコロができたよ」

りょうくん　「ころがって止まらないよね」

しょうくん　「あっ、そうか！　やっぱり四角にしよう」（四歳児）

佐藤浩先生の解説を借りますと、これらはともに実験です。「泥に草と土と石を混ぜたらどうなるのか？」という疑問に実験という手段を用い、やはり混ぜても泥だという結果に至ったのです。また、なぜサイコロは四角なのか、それは丸では止まらないという実験結果をもってやはり四角がいいという検証をしました。

もし、周りにいる大人がこの小さな科学者たちの実験の機会や過程を奪うとしたら、どんな言葉なのでしょう。「泥っていうのはね、土と水なのよ」「丸いサイコロじゃ、ころころ転がって数字が見えないでしょ」あたりでしょうか。

おり紙遊びから

「この飛行機は手で飛ばすんだよ。

力を出しても、全然エンジンが動かねえよ。

風をつくんねと駄目だなぁ」（五歳児）

砂場で工事

けいすけくん　「ダム作りだぞ。水が溜んねぇな」

しゅうへいくん「ぼく、いい方法知ってるよ」

けいすけくん　「どうすんの？」

しゅうへいくん「水を四倍にするといいんだよ」

けいすけくん　「四倍？」

しゅうへいくん「ジヨウロを四つにするといいんだよ」

けいすけくん　「やってみんべ」

二人　　　　　「せいこう！」（パチパチパチパチ）（五歳児）

五歳児ともなると、紙飛行機をより遠くに飛ばす風の必要性を感じ、ダムつくり作業を早く進める方法としてジョウロを四つ使用する四倍方式を編み出しています。それまでずっと重ねてきた疑問や実験や思考をだんだんに形にする知恵が、一層の科学的思考を深めているのです。

セミ
はるかちゃん　「セミって、寒がりかな。
だって、夏に出てくるんだもん」（四歳児）

割れたドングリ
あつやくん　「このドングリ、生まれ変わるんだ。
そして、こんどは芽が出て木になるんだよ」（五歳児）

干し柿づくり
かいりくん　「この柿、黒くなってから食べるんだよね。
お日様と風の力をかりてね」（四歳児）

大人はもはや、夏とセミの関係に何の不思議も感じなく、ましてや蝉が寒がりなのか暑がりなのかなど考える柔軟さも持ち合わせてはいません。しかし、「セミが寒がりかもしれない」という発想は、科学の視点としてとても大切な角度ではないかと思います。また、どんぐりの生まれ変わりから命の連鎖を感じ、太陽と風がものにどれだけ影響しているか、子どもたちの思考と言葉から科学の源が見えてきます。

そして、「科学」に限ったことではありませんが、子どもたちの会話に大人も参加する場合には、豊かな大人の知恵と導きとなる言葉かけが大切になります。例えば、

わたるくん　「先生、雪って何で出来ているの」
先生　「お空に聞いてみて」
わたるくん　「そうだ。雲かもしれない、氷かもしれない」
しげきくん　「もこもこ雲だべぇ」
わたるくん　「雲って白くてね、雪も白いもん」（四歳児）

みゆちゃん　「こいのぼりってね、何で動くかわかる？」
先生　「えっ、なんで？」
みゆちゃん　「あの前と後ろ開いてるでしょ。そこの間を風がすきとおって行くんだよ」
先生　「へぇ～」
みゆちゃん　「風がこいのぼりの体の中をすきとおるんだよ。だから動くの。すごいでしょ」（五歳児）

「お空に聞いてみて」とかけた保育者の言葉が、もし「雪は、大気中のチリやホコリなどについた水蒸気が凍って…」などという科学知識だったとしたら、「雲か氷か、もこもこ雲か」という子どもの発想を導くことはできず、「ふ～ん、そうなの」程度のそれ以上の興味も思考も生み出さない結果になってしまうに違いありません。

また、こいのぼりが大空を泳ぐ理由を尋ねられた時、答えを出さずに「なんで?」と問い返すことによって、こいのぼりの構造と風の作用を見事に子どもが語ってくれるのです。

また、時には子どもの思考に「へぇ～」などと感心したり共感するなど、大人の思いを伝えることも大切です。教えることや正解を求めるよりも、その芽を大切に育てることこそが、大人のもっとも大きな仕事となるのです。子どもの質問攻めに「あとで」と流したり「うるさい」と叱りつけてしまうことは、せっかく芽生えた科学の芽を摘んでしまうことになりかねません。「科学の芽」を伸ばすためには、大人の豊かさとおおらかさが大切なのです。

常に新しいことに遭遇していく子どもたちは毎日が疑問符に満ち、科学の芽はそちこちに芽生えています。迂闊に答えだけの知識を与えてしまうことは、科学の芽に水を注ぐのではなく枯れさせてしまうということを、大人たちは本気で意識しなくてはなりません。また、大人が子どもたちの会話にむやみに参加せず、子ども同士の会話を耳だけで受け止めるということも、大人の大切なかかわりです。

科学の芽という視点で子どもの言葉を見るとき、子どもの知的思考が遊びの中で頻繁に行われていることが伺えます。疑問や感じたことなどを言葉で表現し、相手からの言葉も引出すことによって、更に思考と言葉が磨かれていくのでしょう。

これは、大切に育てなければならない「豊かな芽」です。

―感性の芽―

子どもたちの毎日は新しいことに次々と遭遇する日々で、疑問と同様に驚きと感動の連続です。そしてその感嘆符は芸術の芽ぶきともなり、その「感性の芽」はやがての情緒豊かな人間を育んでいきます。

雪

ももかちゃん　「ユキ、いっぱぁ～いね」（一歳児）

風

あかねちゃん　「先生、白い風が吹いてくるよ」（四歳児）

雨

なおちゃん　「わぁ〜、雨のにおいがしてきた」（四歳児）

吹雪

さちえちゃん　「うわぁー、雪が怒っているよ」（四歳児）

風や雨や雪などの自然事象の中で、子どもたちは情景や季節感を敏感に繊細に捉えています。無色透明の風に白という色を染めて感動を表現したり、無味無臭の雨のにおいを敏感に嗅ぎとったり、巻き上がる吹雪の様子を怒りという感情を添えるなど、五感を通し体全体で子どもたちは感動しています。

また、生まれてはじめて雪を体験し言葉を得た一歳児は「いっぱぁ〜い」という表現で感動を表現するなど、広大な宇宙観をもって表現しています。また、

こいのぼり

たくやくん　「すごいねー、こいのぼりがお空を食べてるよ」（三歳児）

ジャングルジム

よしひこくん　「ワァー、空に飛んでいっちまぁー」（四歳児）

氷わり

まみちゃん　「ペンギンになっちゃった」（四歳児）

こいのぼりが大空を泳ぐ感動を「空を食べている」と言い、グローブジャングルジムの回転するスピード感を空に自分が飛んで行ってしまうと表現し、パリンパリンと氷を割る楽しさは自分がペンギンになってしまうほどの感動なのです。

葉っぱが雨に打たれて揺れている

りくくん　「葉っぱはね、やさしくてやさしくて雨が好き。
だから、うれしくってゆれているんだよ」（四歳児）

クモの巣

りょうへいくん「草が、クモの巣であやとりしているよ」（四歳児）

桜ふぶき

さきこちゃん　「さくらようちえん！

さくらようちえん！

さくらの運動会みたい！

さくらと人間が追いかけっこして

運動会しているみたい！」（五歳児）

「葉っぱが雨に打たれて揺れている」や「クモの巣」は、感動が既に一流の詩の形になっており、葉が揺れているのは雨の優しさであり、クモの巣に身を縛られたかに見える光景は草が遊んでいる姿と感じているのです。また、子どもたちが目にした「桜ふぶき」は、高い空から降ってくるさまではなく、広い幼稚園の庭一面を滑り踊るような、幼稚園全体を包んでしまうような、「さくらようちえん」になってしまうほどの圧巻の桜吹雪なのです。

におい

先生　「今日の給食は、

おいしいスパゲッティだよねぇー」

ゆうきくん　「うん。ぼく、匂いがきこえたよ」
こどもたち　「わたしもきこえたよ」
ゆうきくん　「はやくたべたいな」（四歳児）

五感のひとつ「におい」は大人には鼻をもって「嗅ぐ」と表現されますが、子どもたちが感じたスパゲッティのいい匂いは「聴く」と表現されています。もしかしたら、「聴こえるじゃなくて、匂ってきたでしょ」に言い換えて教えることが正しいのかもしれません。しかしこの場合、言い直すことが大切なのではなく、子どもたちの「聴こえてきた」という感動に大人は共感すべきなのです。「匂う」よりも「聴こえる」という言葉のほうが子どもたちの喜びが何倍にも響いてきます。子どもたちはすでに詩人なのです。

これら「感性の芽」として括った言葉は、後に取り上げる「表現」と重なるのかもしれませんが、ここでは感性や芸術性につながる人間の源として取り上げてみました。

幼児期に芽生えた様々な感動が一人ひとりの中にどう積み重ねられていくのかはわかりませんが、無意識の中に蓄えられていく驚きや感動がそれからの醸成を経て、個人個人の感性としてやがて輝きだすに違いありません。そして、日常の中に積み重ねられた幼児期の感動は、各自の人間性の核を成すのでしょう。

科学と感性の芽を育てる環境

「？」と「！」に満ちた「科学」と「感性」の、この二つの柔らかな芽をどのように育てて行ったらよいのでしょう。

まず「科学の芽」についてですが、科学という言葉や内容にこだわってしまうとちょっと避けて通りたくなってしまいます。特に女性は苦手意識を持つ人が多いように思いますが、子どもに聞けば、科学はワクワクするほど楽しいものだと思えてきます。

簡単に言えば、「知らない」ことを「知りたい」が科学なのかもしれません。この「なぜ？」や「どうして？」「知りたい」など、好奇心に突き動かされて科学は発展してきたのだと思います。「芽」は芽生えたばかりの柔らかなもので、そこには育つ可能性がたっぷり含まれています。この柔らかな芽を摘んだり枯らしたりすることなく育てていく役目が大人にはあり、上手に陽に当て水をやり、やがての開花や結実に備えて行かなければならないという責任のようなものを感じます。

では、もう一つの「芽」、「感性の芽」からは子どもの何が見えてくるのでしょう。これは、人間が豊かに生きる為の「心」と言われる部分ではないかと思います。

そしてそれは芽でもありながら、一生分の感動や豊かさを受け止める土壌ともなっているように思われます。

子どもの五感を通した感動や表現はすでに詩であると捉えるならば、誰もが詩人としての要素を備えています。ところが、この感性はやがて絵や音楽や文章など特別の才能を持った人だけのものと勘違いされがちです。しかし、どの子どもたちの言葉からも芸術の香りが強く漂い、誰もが持ち合わせていて特別なものではないということに気づかされます。

そしてまた、「科学」と「感性」、相反するように見えるこの二つの芽から、もう一つ大きなことに気づかされます。この二つは、理系と文系のように一見両極に位置しているように思えますが、実は一人ひとりの人間の真ん中に同居しているのではないかと思います。人間が人間であるための好奇心や知恵や感情、それは一個の球体の林檎の芯のように人間の核を成すものなのでしょう。

可能性に満ちた芽を育てる役目が大人にはありますが、要はその方法です。言葉はあまりにあたりまえの存在であり、次から次へと消え去ってしまうため、なかなか留めて味わいにくいのです。そして忙しい大人にとって、まさか子どもの言葉の中に豊かな芽が息吹いているとは気づきにくいものですが、まずは子どもの愛らしい姿やはじめての経験にカメラを向けるように、言葉のアルバムを作ることです。そして味わい気づくことから始まります。

次に肥料ともなる大人の言葉かけですが、田畑の作物や花の育て方に学ぶことがわかりやすいかもしれません。例えば、肥料の量によっては、刈り入れ寸前に訪れる台風で稲が倒れたりしてしまうと聞いたことがあります。また、野菜も根を育てるのか葉を育てるのかによって、チッソやカリなど肥料を選ぶと言いますし、花や実を育てるにはリン酸をとも聞きます。

子どもの言葉の「これにはこれ」といった決まりはないのかもしれませんが、ただ、「科学の芽」と気づいたならば「どうしてだろうね？」「なぜだろうね？」などがいいのかもしれません。子どもたちに、その先の思考を導かせるに違いありません。そして「感性の芽」と気づく言葉には、「ほんとだね」「すごいね」などの共感でしょうか。ただ、それがすべて音声を伴って返す必要はなく、無言のうちに共有することもまた大切なことでしょう。

しっかりと根を張らせることのできる豊かな土壌と芽を守り育てる環境が、幼児期にはとても重要なのです。

豊かに生きる力の源
―ファンタジー―

空想的で幻想的でおよそこの世ではありえないことを、ファンタジーというジャンルで描かれた絵本や童話などの作品は多々あります。しかしそれは、ほとんど大人の発想や空想による良心的な作為が存在しています。

ところが、子どもは無作為であるばかりでなく空想でも幻想でもなく、ファンタジーの世界は現実で日常なのです。

「ドラえもん」の「どこでもドア」を設置するまでもなく、あちらとこちらを自由に行き来することは子どもにとっていとも簡単なことなのです。

半月

じゅんぺいくん「今日のお月さま、いつもより半分だよ。
誰かがチョッキンって、切っちゃったんだよ」（三歳児）

ロケットのニュースから

りょうくん　「ぼくの家は宇宙だよ」
けんごくん　「じゃぁ、どうやって幼稚園に来るの？」
りょうくん　「ボーンと爆発して…」（四歳児）

イモ掘り

たくみくん　「このイモ、掘っても掘ってもでてこねーな」
ともきよくん　「このイモには、謎がかくれてんじゃねーの！」
しんやくん　「このイモは、世界中につながってんじゃないの！」
きょうきくん　「うわー！　まだつながってるぞ！」
しんやくん　「宇宙全体につながってんのかな」（五歳児）

世界中の子どもが、半分の月に豊かな想像をめぐらします。時には、「誰か」によって半分に切り取られてしまう大胆さです。また、ロケット打ち上げのニュースを聴けば自分が行くことはないだろうと悲観する大人をしり目に子どもはさっさと宇宙に旅立ってしまい、単なるイモ掘りでさえ世界にも宇宙にまでつながるという壮大さで、子どもの日常は、常に物語を成しているのです。

れなちゃんちのネコ

れなちゃん　「れなのうちの黒いネコはね、れなが見てない時に、
　ママとお話しするの。だからね、れな、
　ネコに見えないようにかくれて見ていたんだよ」

先生　「何か聞こえた？」

れなちゃん　「うん。～あぁ、おなかすいた！～　だって！」（四歳児）

十五夜ウサギ

あきひろくん　「あっ、十五夜さんだ」
いもうと　「本当だ！ウサギさんは？」
あきひろくん　「いっぺ、ほら横見てんべ」
いもうと　「……」
あきひろくん　「十五夜さんずっとついてくるな」
いもうと　「なんで、十五夜さんついてくんの？」
あきひろくん　「だって、十五夜さんのウサギはぼくの幼稚園のウサギなんだぞ。
幼稚園の近くに行って、ピョ～ンと飛んで小屋に入んだぞ。

朝は、ちゃんと小屋の中に居んべ。夜になっと月に行くんだぞ」

いもうと　「ふ〜〜ん」（五歳児）

「れなちゃんちのネコ」には四コマ漫画のような簡潔な物語があり、「十五夜のウサギ」は兄が妹に本当のように語る説得力ある話です。

いつ？

さとみちゃん　「あのね、わたしね、病院から生まれたんだよ。

生まれた時、女の子だったんだよ。

大きくなって、男の子になったの」

先生　「へぇ〜っ、いつ男の子になったの？」

さとみちゃん　「ごはんを、十ぱいおかわりした時なったの」（五歳児）

世界中はもとより宇宙にまで自在に行き来し、架空の生き物にさえ出会うことができて、男女の性別の移動さえできてしまうのが子どもです。これらは決して子どもの嘘ではなく、子どもの現実として物語は生まれ語られているのです。

それにしても、この自信満々の話ぶりは、いったいどこから来るのでしょう。

河合隼雄著『うさぎ穴からの発信』の「子どもとファンタジー」の章において、「子どもたちがファンタジーを好むのは、それが彼らの心にぴたっと来るからなのだ。あるいは、彼らの内的世界を表現している」と言い、そしてまた、「外的世界と内的世界の両者とのかかわりによって、人間の存在は確かな位置づけを得るのである。この世の中に自分をしっかりと位置づけること、それは健全であるための相当基本的な条件ではなかろうか。そのためにファンタジーは大きい役割を背負っているのである」と、その意義が語られています。

また、齋藤文夫著『子どもの生活圏とファンタジー』の中には、「現実の世界と重なり合ってファンタージーが存在し、その両方を生きているのが子どもの世界である」といい、またヴィゴッキーの「ファンタジーを心に生み出す力、すなわち想像力は子どもの時から持っている人間の基本的力」という言葉を紹介しています。

たしかに、人間としての自分の存在をしっかりと位置付け、人間が豊かに生きていくための知恵と能力がファンタジーであり、もしこのファンタジーを描く力がなかったら世の中は窮屈で味気ないものになってしまうでしょう。人生の困難な中にも、人は現実とは違う夢を見たり全く別の世界に自分を運ぶことによって生きていくことができるのかもしれません。世界中の神話が、それを証明しているように思います。

ヴィゴッキーが、子どものファンタジーは「人間の基本的力」というように、人間が生きていくために備わった知恵であり能力なのだろうと思います。

子どもの全く現実的ではない言葉を、大人たちは注意したり叱ったりはしません。嘘偽りや現実逃避などでは決してなく、健全な自己を確立していくために欠くことのできないものであることを、無意識のうちにも誰もが知っているからです。そしてまた、無意識に発した言葉の中にそれぞれの思いや願いが込められているということも感じているのかもしれません。たくさんの友達とたくさんの遊びの中でたくさんのファンタジーの世界に遊ぶこと、それは現実の世界の中に自己の存在を確かなものとして位置づけ、豊かに生きる力になっていくのだろうと思います。

─アニミズム─

人間以外にも人間と同じような感情があるという考え方は、古くから世界中に存在しています。アニミズムが宗教の原初であろうとも言われるように、科学的検証などのなかった古代には人間を脅かす自然の驚異は誰か意思を持つ者の仕業と考えられたのでしょう。子どもたちもまた、森羅万象みな命と意思を持ち、隣人であり親しい友人なのです。こうした原始の人々と子どもの受け止め方や感覚に共通性を感じます。

幼児のアニミズムは、ピアジェのいうように発達段階における未分化や未熟さが生み出すものかもしれません。しかし、古代の人々と同様に純朴なものであり、ヘンリー・デビット・ソローの「子どもはみんなある程度まで世界をその始まりから生きるものだ」という言葉を思い出させます。そして、子どものアニミズム「自分のまわりのものにも、すべて自分と同じような心がある」という捉え方は、他者を認識する第一歩でもあり、これからの発達と正確な理解や対応にとって必要で大切な思考なのでしょう。

幼児期の豊かなアニミズム思考を大人は柔軟に受け止め、子どもが多様な視点から生命を捉えてやがての事実を理解していく導きが大切なのではないかと思います。子どもが、たくさん間違うこと、全く違う次元や観点から宇宙的規模で考えることを大人はおおらかに受け止めなければならないと考えるのです。尚、後に試みる分類においても、幼児のアニミズム思考は様々な分野において根底となってみられます。

トット

みゆちゃん　「ちぇんちぇ（先生）、トット　パタパタって行ったよ」

先生　「どこに？」

みゆちゃん　「おうちに。お母ちゃんただいまって。

トット、パタパタって…」（一歳児）

ひな人形を片づけて

みくちゃん　「せんせい、おひなさまいな～～い」
ちづるちゃん「えっ、なくなっちゃったの？」
じょうくん　「おうちへかえっちゃったの？」（二歳児）

石

りょうこちゃん「いし、いし、いっぱ～いあるね。
ん～？　おなまえはないの？」（二歳児）

ザリガニ

ゆうきくん「あっ、ザリガニが笑ってる」
先生「どれ？」
ゆうきくん「ほら、口あけて笑ってるでしょ」（四歳児）

草むしり

しゅんすけくん「草が、怒っているよぉ～」（五歳児）

石やものや動植物などの対象物に人間同様の生命観を持ち、一歳児から五歳児までそれぞれのどの年齢においても極自然に対話しています。三歳未満児にとっては、「トット」やおひなさまがいなくなることは「おうちに帰る」こと。それは、保育所で過ごしている子どもたちにとって、友達がいなくなることは「帰る」という経験に結びついているのでしょう。そして、石の一つ一つにも友達同様に名前があって、自分と同じ命の存在を感じ、対象物の年齢がちょうど自分と同じくらいにおいていることが感じられます。

三歳以上の子どもたちは、少しニュアンスが変わります。ザリガニが笑うはずがないことも草がプンプン怒ってなどいないことも本当は知っています。子どもたちの言葉に付け加えるとすれば「～のように見える」という言葉かと思います。それにしても、子どもたちは様々なものの本質と対話しているようです。

たんぽぽの綿毛がほっぺに…

こうたろうくん「まちがってぶつかってごめん、って言ってた」（四歳児）

急に雨がザーッ

はるかちゃん「わぁー、かみさまおしっこがまんしてたんだな」（四歳児）

おーい、ミミズ
たけみくん　「おーい、ミミズー。あそびにきたのかー」
ゆうすけくん　「うごかないよ」
ゆうさくくん　「おーい、ミミズー。寝てんのかー」
たけみくん　「おーい、ミミズー。はらへったのかぁー」
げんたくん　「おーい、ミミズー。お母さんいなくてさびしくなったのかぁー」
ゆうすけくん　「おーい、ミミズー。みずくれっかぁー」（四歳児）

タンポポの綿毛の声も聞こえれば、神様の我慢していた切なさもわかる。これらは、自分自身の経験から導き出された言葉でしょう。また、動かないミミズに本気で話しかけている子どもは、相手の身になって考えることができる、身を置き換えるという思いやりが詰まっているのです。

ウサギさんにあげようと思ったんだけど
みきちゃん　「ね！この葉っぱ血が出ているよ」
先生　「それは、虫さんが食べたんだね」
みきちゃん　「そうか！虫さんもおなかすいてたのかァ

どっちにあげようかな?」（四歳児）

ウサギが
がくくん
「黒ウサギ死んだとき、白ウサギ泣いてたよ」（五歳児）
ウサギのための草を摘みに行けば大人は目的のみに専念して草を摘み、虫に食まれた葉っぱの血の跡も気づかなければ虫の空腹にまで思いを馳せることはほとんどありません。そして、黒ウサギが死んだら土に埋め花を手向けて拝み、一連の葬儀を行って安堵するのです。しかし、一番に思いやるべきは長年共に暮らしてきた白ウサギの悲しさだと、子どもたちの言葉に気づかされます。いつしか形にはまっていく大人とは違い、子どもは真実と本質を見逃さないのです。

雪だるまさんへ
ひかるちゃん　「しあわせになってね」
ちなつちゃん　「冬しかあえないんだもんね」（五歳児）
このように、雪だるまの幸せさえ子どもたちは本気で願えるのです。人間と同じところですべての命が営まれています。

このアニミズムから育まれるものは、人間が優しく生きていくために必要な思いやりなのでしょう。思いやりとは相手の身になって考えることであるならば、常に即座に反対側に身を置き換えて考えている子どもは、すでに最上級の思いやりを持っていると言えます。この子どもの生き方こそ人間の本質であり、誰もが子ども時代を持っていたこと、誰もの中にこんな世界は存在していることを思い出させます。

「幼年時代を持つということは、一つの生を生きる前に、無数の生を生きるということである。」（リルケ「パリの手紙」）

―とんちとユーモア―

とんちとはその場に応じて働く知恵を意味し、ユーモアは人の心を和ませるようなおかしみや笑いを誘う上品なしゃれを意味します。そして、しゃれとは垢抜けていることや気の利いている様をいいます。それぞれの人生を生き抜く上で、また人間関係や社会全般において、「とんち」や「ユーモア」は潤滑油として必要不可欠なものだと思います。

では、その必要不可欠な知恵を、人はどのようにして獲得していくのでしょうか。年齢別や発達段階を通して見てみたいと思います。

《一歳児》

私は…

かれんちゃん　「せんせー、おとな？」

先生　「大人だよ」

かれんちゃん　「ママも大人だよ」

先生　「かれんちゃんは？」

かれんちゃん　「おんな！」

返事

先生　「こうしくん！」

こうしくん　「……」

先生　「（クッキーを手に）こうしくん！」

こうしくん　「はーい」

みうちゃん　「よくやった！」

一歳児の言葉からとんちやユーモアを探るのは難しいのかもしれませんが、「おとな」の話の続きから「おんな」と結びつけたり、友達の返事に対して「よくやった」

と言葉を添えたりすることに笑みがこぼれ、すでにセンスを持ち合わせていることを感じさせられます。

《二歳児》

ボールかして

　さくらちゃん　「ボールかして！」

　そうごくん　「だめ！ここにそうごくんの、ってかいてあるから。かしてだめだよって、かいてあるから！」

福笑い

　先生　「あぁ、（クーピーで）書いてだめだよ！」

　なおきくん　「だって、口がなかったんだもん」

ぶつかった

　たいがくん　「オレの痛いの、あっちへとんでいけぇー！」

おやつ

めいちゃん　「ニコたべっと、ニコニコになるんだよ」

「ボールかして」「福笑い」などは言い訳にも聞こえますが、ボールを貸したくない理由を「自分の名前がボールに書いてあるから」、福笑いの紙に直接書いてはダメとの注意に対して「口がなかったから」というなど、まさに「その場に応じて働く知恵」に他なりません。また、泣きたいほどの痛みを「あっちへ飛んで行け」と気持ちをすり替えたり、二個を重ねて「ニコニコ」と全く違う形や状態に変えたりする知恵が既に見えて来ています。

《三歳児》

カブトムシ

けいいちくん　「カブトムシだよ。みて、みて！」
おばちゃん　「オスとメスがいるんだね。オスはどれ？」
けいいちくん　「オッス！」
おばちゃん　「メスはどれかなぁ？」
けいいちくん　「メッス！」

なぞなぞ

先生　　　　「指につけるものなぁ〜に?」
こどもたち　「ゆびわ!」
先生　　　　「首にかけるものなぁに?」
子どもたち　「ネックレス!」
先生　　　　「耳につけるものなぁに?」
子どもたち　「みみわ!」
先生　　　　「イヤリングともいいます」
よしたかくん「鼻につけるものなぁに?」
先生　　　　「はなわ!」
まみちゃん　「はなみず!」

あっはっは

りんかちゃん「わたし、もじ知ってるよ」
先生　　　　「どんな文字?」
かのちゃん　「きなこもぢ!」

みんな　　「あっはっは」

指をけがした、あゆめちゃんへ

りゅうたくん　「指いたいの？　おやつ食べれる？　スプーン持てるの？

　　　　　　　　おやつ食べてあげようか！」

三歳児はすでに、落語でも聞いているかのようなオチもついた会話を楽しんでいます。言葉の響などから引き出されるユーモア、子どもたちは人を笑わせるコツをもはやつかんでいるようです。また、「指をけがした、あゆめちゃんへ」は、指を怪我した友達を案じているようにも見えますが、「おやつ食べてあげようか」という本心と知恵に笑わされてしまいます。

《四歳児》

自分で作ったこいのぼり

おばちゃん　「屋根より低いこいのぼりだなぁ」

やっくん　「ちがうよ。屋根の上にあげると、

　　　　　　屋根より高いこいのぼりになるんだよ」

くいしばれない

みさきちゃん　「先生、見て！側転できたよ」
先生　「すごーい！かっこいいね」
はるとくん　「先生、ぼくもやるから見てて！」
先生　「いいよ～ォ、がんばってね」
はるとくん　「やっぱり、できない！」
先生　「笑いながらやらないで、歯を食いしばって本気でやってみたら！」
はるとくん　「今、虫歯があるから、だめだぁ～！」

花に水をあげて…地面にこぼれた

やっくん　「水たまり作ってんの！」

「屋根より低いこいのぼりも屋根の上にあげれば屋根よりも高くなる」「側転ができないのは、食いしばるべき歯が虫歯だから」「水たまりを作ったのであって水をこぼしてしまったのではない」これらは別に取り上げた「言い訳」にも属すると思いますが、とんちという観点において見ますと見事な機転の利かせようです。

雪だるま作り

りゅうたろうくん「雪だるまの頭がないよ」

ゆうすけくん　「ぼくが頭になって座っていようか」

眠れない

なおきくん　「お化けの話しすっと、おっかなくてね。眠れないんだよ」

けいたくん　「大丈夫だべした。目開けて寝っといいだも」

はじめての給食

先生　「みんなで『いただきます』するまで、食べないで待っててね」

ゆうだいくん　「先生、味見していい？」

さくらの下でお弁当！

りきくん　「おかず、おっこちた！」

あやかちゃん　「アリさんのお弁当！」

雪だるまの頭がなければ自分が座ろうといい、眠れない時は目を開けて寝ればいいという発想の転換とその機転には感心してしまいます。また、隠れてつまみ食いする子に「いただきますするまで待って」と言えば「味見ならいいか？」と先生の上を行く言葉の返しに、笑いながらなるほどと感心させられてしまいます。そして、お母さんの作ってくれた、今食べようとしたおかずを落としてしまったらこんなに残念なことはありませんが、それがアリさんのお弁当になるとしたら気持ちはすっと明るさに切り替わります。これからの人生を明るく逞しく生きていく術をすでに子どもたちは身に付けているようです。

らくがん
つばさくん　「これなぁに？」
お母さん　「死んだ人にあげるものよ」
—買い物の時—
つばさくん　「あっ！死んだ人のおやつだ！」

空耳じゃなくて…
ゆうとくん　「あっ、ヘビだ！　あっ、空目だった！」

給食当番

たけるくん　「えいようは、いりませんかぁ。
えいようは、いりませんかぁ」

写真絵本『月』

先生　「これは、昨日のお月さま。
これは、今日のまんまる十五夜さん。
どんどん　どんどんまあるくなって、
さて、明日のお月さまはどうなるでしょう」

かずゆきくん　「パンクする！」

とにかく、説明なしに笑い出してしまう子どもたちの言葉です。発想の源が深く、大人のユーモアも及ばないほどです。

《五歳児》

スイカと塩

しんやくん　「オレ、スイカに塩かけて食ったことあるよ。
　　　　　　なんか、しょっぺかった」

まさつぐくん　「ぼくは塩かけて食べたら、甘かったよ」

先生　「あぁ、そう。なんでだろうね？」

まさつぐくん　「海の力だからだよ」

しんやくん　「その塩、『伯方の塩』だった？」

一年生になったらの歌

しょうへいくん　「ロロロ、ルルル、レロレロ…」

先生　「ちゃんと言葉で歌ってよ」

しょうへいくん　「これ、英語だもん！」

さんさい…そば

たけしくん　「今日は、さんさいそばだよ」

けいたくん　「ぼくは、さんさいでないから食べられないよ〜〜」
先生　「どうする？」
たけしくん　「だいじょうぶ！
さんさいとさんさいで、六歳！二回たべられるよ」

五歳児ともなると、なかなか理屈がしっかりします。「山菜そば」と「三歳そば」の連想は多くの子どもが口にします。年齢に敏感なのは子どもの成長への思いが大きいからですが、五歳児はそこまでにとどまらず「さんさいとさんさい」を足し算するのも見事ながら「二回食べられる」という計算はさすがです。

なかま？
りくくん　「先生これは何？」
先生　「ライチだよ」
りくくん　「ライチ？ライチとダイチ、なんか仲間みてーだな。
おれの兄ちゃんダイチなんだよなぁ。ライチの仲間か？」

なにがた？
ひろきくん　「れあちゃん、なにがた？」
れあちゃん　「O型！」
ひろきくん　「ぼくは、クワガタ！　そのほかにも、新潟、夕方、…あと銭形！」

やさしい人
おばあちゃん　「人にやさしくできる人は、えらくなれるんだよ」
えいしくん　「おばあちゃんはやさしいのに、どうしてえらくならなかったの？」

積み木遊び
ゆうへいくん　「ぐちゃぐちゃになぁれ！ぐちゃぐちゃになぁれ！」
まもるくん　「なぁーにー、遊んでんじゃねぇよ」
ちあきちゃん　「遊んでんだよ！」

「なかま？」や「なにがた？」は言葉遊びを楽しむ柔らかな頭が醸し出すユーモアであり、「優しい人」「積み木遊び」は少々揚げ足を取るような言葉ではありますが、知恵がついたからこそ返せる言葉なのでしょう。

イナゴ取り中

ちなつちゃん　「イナゴが呼んでる。イナゴが呼んでる」
かすみちゃん　「ちなつちゃ〜ん！」
ちなつちゃん　「かすみちゃんも呼んでる。かすみちゃんも呼んでる。
　　　　　　　やっぱり、イナゴを先にしよう。
　　　　　　　かすみちゃんは待っててくれるもんね」

あやの歯

あやちゃん　「ばあちゃん、あやの歯抜けそうだよ。
　　　　　　抜けたら、ばあちゃんの歯ちょうだいね」

銀歯

やすふみくん　「銀歯って、どうすっとはえんだべ」
お姉ちゃん　「銀歯なんて、はえねえんだ」
やすふみくん　「だって、床屋のばあちゃんなんか、いっぺあったよ」
お姉ちゃん　「銀歯になりたかったら、虫歯になれ！」
やすふみくん　「？・？・？」

―翌朝―

やすふみくん　「お姉ちゃん、見てぇ！　ぼく銀歯はえてるみたいだ」
お姉ちゃん　「そんなことあるわけねぇ。虫歯になったんだべ。
　　　　　　歯医者に行ってつけてもらえ」
やすふみくん　「？？？」

イナゴの話はまじめで一生懸命がゆえに、どこかほのぼのとしてどこかにユーモアを感じてしまいます。「自分の歯が抜けたら、ばあちゃんの歯をちょうだい」にも笑わされますが、「銀歯」の五歳児とお姉ちゃんとの掛け合いも絶妙です。

夏の思い出

まほちゃん　「先生、大～きい船見てきたよ」
先生　「どんな船？」
まほちゃん　「おっき～い船なの。だって、ママのカメラに入らなかったんだもん」

顔の名称

先生　「ここは何？」

みんな　「おでこ！」
先生　「そうね。むずかしくいうと、ひたいっていうのよ」
けんちゃん　「じゃ、頭はいたい⁉」

一方通行

さとるくん　「一方通行って、なぁに？」
ばあちゃん　「行く時通れても、帰りは通れない道のことだよ」
さとるくん　「お母さん、これ一方通行っていうんだべ」
お母さん　「どうして？」
さとるくん　「だって、来た道と違うもん」

ヘビ

こうだいくん　「お母さん、カブトとクワガタ飼っていい？」
お母さん　「いいよ」
こうだいくん　「ヘビかっていい？」
お母さん　「ダメ！」

こうだいくん　「んじゃ、お母さん死んでから飼うか！」

子どもたちの話に笑わせられながら、予想をはるかに超える「落ち」に驚かされます。「落語」は「落ち」のある話から生まれた言葉とも言われるそうですが、その「落ち」にも色々な種類があるようです。「にわか落ち」とも「地口落ち」とも言われる駄洒落やことわざや言葉の語呂合わせで笑いを誘うものや、「逆さ落ち」と言われる物事が反対の結果になったり立場が入れ替わったりするもの、最初聞いたところではよく分からないがその後よく考えると笑えてくる「考え落ち」、意表をつく結末を呼んで笑いを呼ぶ「見た手落ち」、相手のいうことを逆にとってしまう「ぶっつけ落ち」、その他にも「拍子落ち」や「間抜け落ち」「まわり落ち」などの分類があるようです。

そうしたことを子どもたちの言葉に照らしてみますと、幼児期にすでに落語を語っていることになります。一歳児から五歳児までの前述の言葉を解体して落語の分類に合わせてみますと、その「落ち」の種類全般にわたって当てはめることができるだろうと思います。

なかでも、一歳から三歳児は、音の類似性に導かれているものが多く「オトナとオンナ」「オッスとメッス」などのようなクスリとした笑いを誘います。言語の習得は音の習得から始まると言われますから、大人が気づかないような音の類似性に子どもは敏感なのかもしれません。

四、五歳は物語を構成する力を持っていると考えられていますから、「来た道と違うもん」「お母さんが死んでから飼うか」などのように「落ち」のあるストーリーを展開させることも出来ています。ただ、「落語にも匹敵する」「とんち」「ユーモア」と捉えるのは大人側からの見方であって、子どもたちにそんな作為や意識はないのだろうと思います。おそらく、相手の言葉に対応する最良の言葉をまじめに一生懸命に考えての結果なのでしょう。つまり、「考える力」や「即座に言葉を生み出す知恵」が基盤になっていると思われます。

子どもたちは成長と共に自分の発した言葉に対する大人の反応を敏感に読み、言葉を磨いてユーモアやとんちといったコミュニケーションの潤滑油に変えて、長い人生を生き抜いていく力と心構えなど、その基礎をしっかりと身に付けていくのでしょう。

その意味では、大人は、子どもの発した言葉に一生懸命に反応してあげることが大切なのかもしれません。

人生のエッセンスとなるもの

「ファンタジー」や「アニミズム」は、どちらも現実からは少々遠いところにあります。これは、それぞれ一人ひとりの夢や願いや思いなのかもしれません。

私の子ども時代の月は、餅をつくウサギやかぐや姫が向かう先の夢と空想の存在でした。よもや月に手が届くものとは思いもしませんでしたが、夢があればこそ今や月にも行ける時代となったのでしょう。他にも過去に夢として描いたことがどんどん現実化され、夢を描けばこその賜と言えるかと思います。ただ、月の現実が現実として見えてしまった時、月へのファンタジーは崩れたという思いも抱きました。しかしよく考えてみれば、到達するまでのプロセスにファンタジーがあり、叶えた先にまた夢を重ねていく力を人間は持っています。月で暮らす夢、未知の生命体と出会う夢など様々な夢を描くことが楽しめるのです。こうして夢を重ねられるのも、子ども時代にたっぷりと培った「ファンタジー」があるからであり、いつの時代の人々の背中も「ファンタジー」が押してきたのでしょう。

また、長い人生には山もあれば谷もあります。それを踏み越えて歩むことができるのは、見えないいまた聞こえない風や木々や花々、虫や鳥や風景などを見たり聞いたりする「ファンタジー」や「アニミズム」を心に抱いているからにちがいありません。もしこれらがなくてすべてが現実だったら、遊びのないハンドルのようで緩やかなカーブさえ切りにくい人生を歩む羽目になってしまうかもしれません。

私もよく、花や虫や緑の木々たちと話をします。農家の人も野菜と話したり、酪農を営む人は牛と話したりすると言います。犬や猫などペットと話しをする人もかなり多いと思います。動物とはそれなりの意思疎通は図れるとしても、植物と対話できるはずはありません。それでも、人は様々なものと話すことができるのです。

無邪気に様々なものと会話する子どもとは違い、大人はその現実を心得ているのであからさまな表現はしませんが、この子ども時代の率直さを本当は大人も忘れてはいないのでしょう。だから、自然や動物とも声にはならない言葉を使いこなして対話しているのだと思います。大人にも「アニミズム」なるものが普通に存在しているというわけです。ただ、冷静に考えれば、問いかけるのも自分であれば、返答しているのも自分です。また、言葉のない者たちが自分に話しかけているかのように思えるのもまた自分です。つまり、ハンドルの遊びを作り出す術を大人もきちんと心得ているのです。

これら「ファンタジー」や「アニミズム」は、夢や希望や他者への思いやりなど、人生に香りを添えるエッセンス的役目を果たすものでしょう。そのエッセンスの抽出方法が幼児期にほとんど獲得されているのではないかと、子どもたちの言葉から強く感じられます。また、「とんち」や「ユーモア」も、人生を豊かにするためのエッセンスとも言えるのではないかと思います。「ファンタジー」や「アニミズム」とはいささか方向の違う、場の雰囲気や沈んだ気持ちさえも「変換」に導くエッセンスです。

それにしても、機知に富んだ最上の知恵を子どもはすでに身に付けていることに驚かされます。

日本人は西洋人に比べて、ジョークが下手でユーモアに欠けるとも言われます。しかし、子どもたちの言葉を味わえば、西洋にも大人にも一歩も引けを取っていないことがわかると思います。ただ、元々ユーモアの質が違うのかもしれません。西洋のユーモアのあるジョークに対して、日本は落語的な落ちのある言い回しや決して派手ではないけれどクスリと笑えるユーモアは十分持ち合わせていると思います。また、「とんち」は「頓知」とも書き、その場に応じて即座に出る知恵を意味します。機知に富み、機転が利くなどに類似するかと思います。

人生には多くの困難があり、それを切り抜けて生きていかなければなりません。しかし、この「とんち」を持ち合わせていれば、ピンチをチャンスに導くこともできる筈です。しかもユーモアをもってピンチを変換できれば、笑いまでも巻き起こせるような豊かさを導くことができるのです。ピンチからチャンスと極端ではないにしても、気持ちを切り替えて乗り越える力にはなるはずです。

子ども時代の発想は、全く自由で奔放です。これから先の人生に「ファンタジー」をもって夢を描き、様々な命と交信する「アニミズム」をもって他者を認識しながら自己を確立し、即座に出る知恵を磨き笑いをもたらすとんちやユーモアを備えて、人生を豊かに生きるべく準備を整えているのです。

逞しく生きる力の源
―意味づけ・言いわけ―

子どもは、様々なものや事柄に自信を持って意味づけを行います。意味づけとは、「物事に意味や理由をつけること。意義や価値をもたせる」という意味を持ちますが、子どもたちはまさかという角度からまことしやかに断定する見事さがあります。そしてまた、その意味付けが見事な言い訳でもあるという観点からこの二つを合わせてみました。これらは、科学の芽や感性の目に見られる「見えないものを見る力」、この理由づけにもつながるように思います。

それはね

先生　「りおくんのほっぺ、赤くてかわいいね」

りおくん　「だって、リンゴ食べたからだよ」（二歳児）

一緒にかうもの

けんとくん　「ヤギを飼うときは、紙もいっしょに買わなきゃだめだよ。ヤギのえさは、紙なんだから」（三歳児）

カマキリ

ひろきくん　「カマキリつかまえてきたよ」

さとちゃん　「これ、女のカマキリだ！」

先生　「わかるの？」
さとちゃん　「だって、かわいいかおしてるもん！」（三歳児）

イナゴ
きょうきくん　「おっ！これはイキがいいから男だな！」（五歳児）

「赤くてかわいいほっぺ」は、「リンゴのような」に例えられる言葉をかつて耳にしていた記憶に併せ「リンゴを食べたからほっぺが赤い」と言い、子どもたちがよく歌う「やぎさんゆうびん」の歌のように「ヤギを飼うときは、餌となる紙が必要」と理由を述べています。そしてまた、カマキリやイナゴのオスとメスは、「かわいいからメス」「イキがいいからオス」と断定しています。どれもこれも正解ではないけれど、子どもの意味づけに納得させられます。ここでは答えや根拠が正確なことが大切ではなく、子どもたちの答えとその理由が合っているということです。また、その理由の裏側に理由を述べられるだけの様々な知識が既に蓄えられているということです。

手あらい

みかちゃん　「冷たくって気持ちいいなぁ。
　　　　　　だって、私のからだポカポカしてあったかいんだもん」

のぞみちゃん　「どうして？」

みかちゃん　「いつも笑っていっからだべ。アッハッハ…」（四歳児）

コーラの作り方

けんたくん　「コーラってどうやって作るかわかる？
　　　　　　ぼく知ってるよ！
　　　　　　塩としょうゆと水を入れて、フライパンで煮るんだよ」（五歳児）

子どもたちは自信満々に理由や自分の意見を述べています。意味と内容が事実とは違っていても、想像豊かで小気味よいほど自信に満ちた意味づけがなされています。ここでは、たくわえられた知識が少々ひねった形で表現されています。

次は「子どものいいわけ」ですが、言いわけをしながら子どもなりの意味づけを必死で行っている様子が見て取れます。

ここは、ゆずれない

あさひくん　「先生、汗いっぱいかいたの！」
先生　「おしっこの汗、いっぱいだね」
あさひくん　「ちがうの！汗っていったでしょ！」（二歳児）

うそつきおしっこ

お母さん　「あれ、どうして着替えるの？」
ごうくん　「だって、うそつきおしっこがでちゃったんだもん！」
お母さん　「おしっこが嘘ついたの？」
ごうくん　「そうだよ。だから濡れちゃったの」（四歳児）

排泄の自立は、人間のプライドのひとつです。おむつが外れるかどうかの二歳児から、すでにそのプライドが見えています。その言い訳の大半は「汗」です。しかし四歳児ともなると、汗では通らないことも考慮して「うそつきおしっこ」などの言い訳を考えます。何とかしてプライドを保とうとする、子どもたちのほとんどが主張する場面です。

だって

先生　　　「（お部屋に来るのが）おそかったね」
ゆうやくん「だって、風が暴れているんだもん。
　　　　　　なかなか着けないよ」（四歳児）

あっ、そう

みゅうちゃん「うちのお姉ちゃん、
　　　　　　　ピーマンとお肉食べないんだよ」
まさとくん　「なんでも食べないとだめだよ」
みゅうちゃん「だって、歯が二本ないんだもん」（四歳児）

いたずら

お母さん「りく、だめでしょ！」
りくくん「だって、神様がそうしなさいって言ったんだ！」（四歳児）

これらはこどもたちがよく使う「だって」から始まる言い訳で、屁理屈的であり叱られたり注意されたりするときに考え出す言い訳です。この「だって」を言ったがために更に大人に叱られるということも多いのですが、子どもが持ち出す言い訳は傑作です。「ピーマンや肉を食べないのは、偏食ではなく歯が二本ないから」「いたずらは神様のせい」と、何とも見事な言い訳に拍手をおくりたくなってしまいます。

桃まんじゅう

けんとくん　「おっ！これ、こしあんだ」

なぎさちゃん　「こしあんって？」

けんとくん　「つぶあんじゃねぇってこと！」（五歳児）

お庭の氷

先生　「氷食べると、おなか痛くなるよ」

えみちゃん　「わたし、洗って食べたもん」（四歳児）

「こしあんってなに？」の問いには直接的には答えていないものの、「つぶあんじゃないもの」という回答は言い得て妙なるものがあります。しかし、こしあんの知識の乏しさをカバーする言い訳のひとつでもあったのだろうと思います。また、雪や氷はいつの時代も子どもたちが口にしたくなるもので、そしていつの時代も大人に「おなかが痛くなる」と注意されるものです。しかし、「洗ったから食べてもいいはず」という言い訳には大人もたじろぐものがあります。子どもには、ここは譲れない言い訳や「だって」などがあり、それを守る意味づけをきちんと考え出しています。様々な難問にぶつかっても、機転を利かせて生き抜いていくための基礎がこうして培われていくのだろうと思います。

―せりあい―

人と話をする場合、相手の言葉を受けて次の言葉を返すという言葉のキャッチボールを行います。それが人とのコミュニケーションにおいて極自然に交わされています。

いつからそれがなされているかというと、言葉を獲得して間もなくからできるようになるようです。大人と変わりなく、子どもの対話にもほとんど間というものはなく、瞬時に言葉が返ってくるのです。そして、子どもには相手の上を行く会話が常に持ち合わせてあり、大きさや広さやユーモアのある言葉を負けず嫌いをむき出しにして瞬時に生み出すのです。

はじめての給食

子どもたち

「せんせい、これおいしいね」
「日本中で一番おいしいよ」
「世界中で一番おいしいんじゃない！」（四歳児）

ペット

りょうくん

「ネコ飼うんだよ。犬も飼うんだよ。
カメも飼うんだよ。ライオンも飼うんだよ」

ともだち

「えーっ、ライオンも…」（四歳児）

お帰りごっこ

だいちゃん

「一番バスのお友達ー」

みんな

「はーい！」

だいちゃん

「三番バスのお友達ー」

みんな

「はーい！」

だいちゃん

「歩いてくお友達ー」

みんな　　　「はーい！」
かずきくん　「くるまのお友達ー」
みんな　　　「はーい！」
だいちゃん　「自転車のお友達ー」
みんな　　　「はーい！」
かずきくん　「バイクのお友達ー」
みんな　　　「……」
だいちゃん　「飛行機のお友達ー」
たかひろくん「そんなのねぇよ」（四歳児）

一人の子どもが、給食を「おいしいね」と言えば「日本で一番」を重ね、次には日本の上をゆく「世界で一番」とドンドン言葉は跳ね上がります。これは対話の中で相手を上回る言葉を話していますが、「ペット」の中ではネコから犬、犬からカメ更にライオンと自分で跳ね上げています。そして「お帰りごっこ」の中では、普通の帰りの様子をごっこ遊びではじめながら、「歩く」という言葉に反応して「くるま」が誘い出され、「自転車」「バイク」「飛行機」とだんだんにスケールが大きくなっていきます。しかも、動物や乗り物など、きちんとカテゴリーを捉えた知的な言葉遊びを楽しんでいます。そして、その先思い浮かばなかったり収拾がつかないような時には、「そんなのねぇよ」などと、誰かが締め括るのもまた知恵でしょう。

かくれんぼ
ひろきくん　「鬼は百まで数えてよ」
まさのりくん　「えー！ぼく千まで数えられんも！
一・二・三……十！　もういいか〜い！」（五歳児）

かくれんぼ遊びで「百まで数えて」と言われて、百の上の「千まで数えられる」と言いながら「十」までしか数えない子どもも遊びの中で許されます。もともと「十」でお互い暗黙の了解の上の話なのです。

髪の毛
ようたくん　「ぼくのお兄ちゃん、くせ毛いっぱいあるよ」
しょうへいくん　「ぼくなんか、シラケあるんだから」
ようたくん　「ぼくのお父さんなんて、すご〜い白髪なんだよ」
しょうへいくん　「どれくらい？」

ようたくん　「う〜ん、数えきれないなぁ。
この前見たお兄ちゃんなんて、もっとすごいんだよ。
髪の毛黄色いんだよ。外人だと思っちゃった」
子どもたち　「すごいなぁ」（五歳児）

はなし
さちちゃん　「家のお姉ちゃん、歯抜けたんだよ」
けいちゃん　「うちのおばあちゃん、歯なしだよ」　（三歳児）

月齢
しゅりちゃん　「あたしの方が、年上なんだからね！」
たけるくん　「ぼくの方が、年寄りだよ！」（四歳児）

すごいべ
やまとくん　「うちの兄ちゃん、大人の歯になったんだよ。すごいべ」
やすひろくん　「うちの兄ちゃんは虫歯だらけなんだぞ。すごいべ」（五歳児）

今までの上にプラスしていく会話に比べると、これら四編はむしろマイナス側にプラスしていく話です。くせ毛よりも白髪よりも金髪、抜けた歯よりも歯なし、年上よりも年寄りと、そのマイナス面での度合いも適切にせり上げることができるのです。そして、「すごい」という競り合いには「大人の歯」の上を行く「虫歯だらけ」と、大人の目から見れば何ともこっけいで笑える話ではありますが、子どもは子どもなりに頭の中で序列をつけ、まじめに真剣により上を目指したのです。子どもの脳は活き活きとはたらき、会話の中にゼロの起点を置き、プラスもマイナスの計算もきちんとできているのです。

ぼくは…

りょうすけくん「ぼくは、スキーもスケートも　ぜんぜんすべれません」

たくやくん　「ぼくは、ころべるよ」（五歳）

これも、一見マイナスの競り合いにも見えます。しかし、スキーもスケートもできなくても、転ぶことが「できる」と言ってのける負けず嫌いの言い訳は子どもの頭と心の軟らかさであり、一歩上に進む意欲と可能性をたっぷり含んでいます。如何に子どもたちは上を目指して自ら伸びて生きようとしているかが、この言葉の競り合いから感じられます。
子どもたちは、自ら育つ力をふんだんに備えています。大人は育てることに力を入れすぎず、子どもの「育つ力」をしっかりと認識しなければならないのです。

―成長―

いつ、体のどこがどのようにどのくらい伸びたり育ったりするものかわかりませんし、ましてや心という抽象的な部分の成長をどのようにして測ったらよいものかもわかりません。しかしそれでも、幼児期の成長は日々見えるほどの著しいものがあります。大人の目に感じられると同じように、きっと子ども自身もどこかで自分の成長を感じ取っているのだと思います。そして、自分の成長は最大の喜びなのです。

ふうせん遊び
かれんちゃん　「ふーっ！」
ゆかちゃん　「ゆかも、ゆかも！」
かれんちゃん　「大きくなってからね」
ゆかちゃん　「大きくなってる！」（一歳児）

鉄棒にぶら下がれたよ
　はるひちゃん　「強くなった！」（一歳児）

三歳になったら
　なぎさちゃん　「なぎちゃんね、三歳だからからいの好きで甘いの嫌いなの」
　きほちゃん　「きーちゃんは二歳だから、甘いの好きで、からいの嫌いなの」
　なぎさちゃん　「なぎちゃん三歳になったからからいの好きなの！」
　きほちゃん　「きーちゃんも三歳になったらからいの好きになんの！」（二歳児）

もうすぐ
　先生　「もうすぐ、ぱんだぐみさん、きりんぐみさん、
　　　　こあらぐみさんになるんだよ」
　めいちゃん　「先生、めいちゃんぱんだぐみさんになってきてる？」（二歳児）

一歳児の風船を膨らませることができるほど自分も大きくなっているという主張も、鉄棒にぶら下がれるということも成長の証です。二歳児は野菜が食べられたり辛いものが食べられたりすることが成長と言い張っています。そして、学年が一つ上が

るということは何よりの成長の証です。それが見えるかと問われてみれば、一人ひとり確実に見えるという答えになることはいうまでもありません。

避難訓練のあと

けんしろうくん「先生、火事んなったらオレんどこ来いな。助けてやっから！」（三歳児）

まかせて！

たいがくん「先生、悩みある？」
先生「なやみ？」
たいがくん「なやみがあったら、ぼくに言ってね」
先生「相談にのってくれる？」
たいがくん「まかせて！せんせ！」（三歳児）

なぁ～れ！

よしたかくん「あ～した天気になぁ～れ！あ～した大きくなぁ～れ！」（三歳児）

赤ちゃん
まみちゃん　「先生、赤ちゃん歯ないの？」
先生　「うん、まだないの」
まみちゃん　「何で？赤ちゃんだから？」
みくちゃん　「先生、赤ちゃん歩けないの？」
先生　「うん、まだ歩けないの」
みくちゃん　「なんで？赤ちゃんだから？」
ちづるちゃん　「先生、赤ちゃん泣いたよ」
先生　「あら、泣いちゃったね」
ちづるちゃん　「赤ちゃんだから泣いたの？　ママーって泣いてんの？」
みゆちゃん　「赤ちゃんはまだ赤ちゃんだから、出来ないことといっぱいだねー。
まだ人間になっていないのかな？」（三歳児）

三歳児ともなると、自分の成長に少し自信が伴うようです。火事になったら先生を助けるといい、悩みの相談にさえのってくれると言います。更に、いっぱい食べて誕生日が来て確実に大きくなっているという自信、赤ちゃんはまだ人間になっていないのかという見方から自分はちゃんと人間だと思う自信、そんな三歳児の自信と成長が伺えます。

さて、四歳児ともなると、その自信の確認を行っているようにも思われます。

誕生日
だいちゃん　「ぼく、きょう五歳になったよ。
　　　　　　だから、給食全部食べられたよ」（四歳児）

予防注射で半べそのこずえちゃん
先生　「泣かないで頑張ったね」
こずえちゃん　「だって、給食の時おかわりしたんだも」（四歳児）

うさぎさんも
まいちゃん　「うさぎさん、なんだか大きくなったみたい」
先生　「そうね」
まいちゃん　「わかった！お誕生日来たから大きくなったんだ」（四歳児）
誕生日という節目の成長確認は、四歳児が特に顕著なように思います。給食のおかわりや全部食べられたのは誕生日だから出来たという思いがあるのかもしれませんが、誕生日が来ればひとつ大きくなるという関係が理解できて来たということであり、「だから出来た」のではなく、本当は自分の心を上に向けているのだと思います。自分で自分を成長させているという内面の成長です。

寒い朝でも

ゆうたくん　「先生、寒くても頑張ってる花を摘んできたよ」
先生　「うわぁ、ほんときれい。頑張ってるね」
ゆうたくん　「うん！ぼくとおんなじだ！」（四歳児）

思いやられ　―トイレの前で―

こども　「どこにいくのー？」
お客さんの先生　「トイレ！」
こども　「（ドアを開けて）はやぐはいれー。むぐすぞー」（四歳児）

ぼくと赤ちゃん

ひろきくん　「ママ、もうすぐ赤ちゃん生まれるの？」

ママ　　「もう少しね」
ひろきくん　「じゃぁ、僕のおもちゃもぬいぐるみも、
　　　　　僕の弟に貸してあげるね」（四歳児）

寒くても頑張って咲いている花を自分と同じだと相手に写して自分を見たりするなど、四歳児ともなると客観的に自分を見ることもできるようになってきています。そして、早くトイレに行きたいであろう大人や、もうすぐ生まれる弟を思いやるなど、人間としての思いやりもしっかりとこの時期に育ち、心の大きな成長も見せています。
では、五歳児はどうでしょう。

夢

たくみくん　「先生、おれ大きくなったら農業やるんだ。
　　　　　みんなにおいしいごはん食べさせてやりたいから」（五歳児）

勇気

ごうくん　「夏休みにね、勇気を出してやったら
　　　　泳げたんだよ。勇気ってすごいね」（五歳児）

五歳のプライド

先生　「クギを打つの上手ね。誰に教えてもらったの？」

はるかちゃん　「誰にも教えてもらってないもん。
一人で頑張っているんだよ。
心の中で決めて作っているんだよ」（五歳児）

脱皮

てつおくん　「みて！みて！　ザリガニが脱皮しているよ。
……脱皮しながら大人になっていくんだよね」（五歳児）

小学校入学を控えた五歳児は将来の夢も描けば、年下の子を面倒みるという行為と意識が大きくなり、幼児期の最高年齢としての大きな成長を見せます。まさに、三歳、四歳、五歳と脱皮しながら小学生へと成長していきます。

こうして、こどもたちの言葉を年齢ごとに味わってみると、その成長が健全に豊かに育まれていることを感じるのです。

誰もが持っている「生きる意欲」と「生きる力」

「意味づけ」や「言いわけ」や「せりあい」に見えるのは知恵であり、自己主張できる力がついてきているということです。ことに、「意味づけ」は因果律をとらえた見事な論理的思考の原点であり、「言いわけ」や「せりあい」に見られるのは自我の確立でありコミュニケーション欲求の高まりでもあるのでしょう。また、「成長」の括りの中に見られるのは、自己確認であり自尊感情の確認でもあるかと思います。成長する、一歩前に進むということは、人間誰しもの中にある喜びであり、更に自分を推し進める力となります。

成長するにつれて、また社会生活を繰り返す中で、人は自信を失ったり生きて行くことが辛くなったりすることがあります。しかし、ここに見る子どもたちの言葉からは、これから生きて行くための知恵と勢いが迫りくるようです。幼児期に、すでに生きる意欲にあふれ、「生きる力」の基礎はできているということが見て取れるかと思います。

ところが、最近の子どもたちの生きる力が弱いと、昨今よく耳にします。それは何故で、その「生きる力」とは何なのでしょうか。

「生きる力」という言葉が頻繁に使われ出したのは、平成八年の中央教育審議会答申（二十一世紀を展望した我が国の教育のあり方について）が出された辺りからでしょうか。

戦後の詰め込み教育の振り返りなどをもとに「ゆとり教育」とセットで使われることも多く、受け身的ではなく自ら考え学び行動し、他と協同して豊かに逞しく生きるということを目指しました。そのために知・徳・体のバランスなど子どもを取り巻く全般を網羅して取り組むことはとても大切なことだと思います。

それを前提にしながらも、私がここで子どもの言葉から感じ取ってほしいのは勢いです。ほとばしるような生命感が感じられる言葉と心の勢いです。ちょうど、春の萌黄色の若芽から深い緑色の夏の葉に流れる緑色のグラデーションのような躍動感です。どんな言葉にぶつかっても、相手を上回る言葉を即座に探し出す逞しさです。

そんな子どもたちの中に、「生きる力」はたっぷり存在していると私には思えるのです。

もし生きる力が弱いというのなら、弱めさせてしまった成長のプロセスや背景、大人たち自身の豊かさと逞しさの確認が必要かもしれません。時代が流れて変わっていくのはあたりまえのことであり、どんな時代であろうとも人々は豊かに生きるために自ら考え自ら行動してきた筈です。
私は人間の根本に潜む、子ども時代の豊かさと逞しさの普遍性を信じています。

言葉と思考の獲得
―かんちがいと言いちがい―

子どものやわらかな脳に絶えず飛び込んでくる単語をどこでどう使うか、同じ言葉で全くちがう意味をもっていたりする日本語を理解するのは、子どもにとってはなかなか大変なことです。しかし、子どもは「かんちがい」にも「言いちがい」にも恐れずに言葉の獲得に挑戦していきます。まず覚えた単語をそれらしきところで口にして、間違って、言葉を並べて考えて、そして正しい使い方を覚えていきます。間違うということは、裏側を確認して正しさを証明していくということなのでしょう。子どもは絶えず確かめ算を試みながら言葉の適切な使い方を身に付け、思考を立体的なものにしていくのです。

おたまじゃくし

たくとくん

「おたまじゃくし、おたまじゃくし、おじゃまたくし。

あれ？　おじゃまします」（五歳）

この「おたまじゃくし」と「おじゃまします」をつなぐ「おじゃまたくし」は、言葉を発展させ発想を豊かにしていくバネの役目を果たしています。

こういった「かんちがい」や「いいちがい」は子どもの会話の中に多くあり、たいてい大人はそのかわいらしい間違いをほほえましく感じ、笑いを持って受け止めます。

しかし、書き留めて集めてゆっくり見てみますと、これは言語獲得や文章構成過程での子どもの真剣な挑戦であると気づきます。

かんちがいや言いちがいは、子どものしなやかな思考過程なのです。

いらっしゃいませ
ゆあちゃん　「いらっしゃいませ～」
先生　「何屋さんですか？」
ゆあちゃん　「ゼリー屋さんです」
先生　「イチゴのゼリーください」
ゆあちゃん　「はいどうぞ！」
先生　「おいくらですか？」
ゆあちゃん　「二さいです」（二歳児）

なに？
お母さん　「何そば食べる？」
お父さん　「山菜！」
りゅうとくん　「パパ、三歳はぼくだよ」（三歳児）

子どもは年齢に対する言葉にとても敏感です。それは子どもの成長を願い喜ぶ家族の関心度が影響しているのかもしれませんし、何よりも自分自身が自らの成長を喜んでいるのです。「おいくらですか」もいつも聞かれる「おいくつですか」とかんちがいをし、普段あまり耳にすることのない「山菜」はいつも耳にしている「三歳」に置き換えてしまったかんちがいかと思われます。つまり、自分という観点から見たり考えたりする、子どもにとても多い年齢に関するかんちがいです。

血圧

ゆうとくん　「ばあちゃんは血圧高いの。
　　　　　　ママは、血圧安いんだよ」（三歳児）

かぜ

かつひろくん　「コン、コン！　おれ、かぜふいてる！」（三歳児）

パンジー

ちはるちゃん　「わぁ～、きれいなチンパンジー！」（三歳児）

血圧が「高い」の反対語としての「低い」は、三歳児にはまだ使いこなせない言葉かもしれません。しかし、普段よく耳にする買い物の高いをすぐに引き出して、その反対語「安い」に当てはめています。また、「風邪」は「風」に変わり、「パンジー」は似ている言葉のチンパンジーとかんちがいしたのかもしれません。これは、似た言葉からのかんちがいや言いちがいです。

三歳児の言葉の引き出しにはたくさん言葉は入っているものの、まだよく整理整頓がされていないようです。しかしそれが子どものすごさで、大人の学習との大きな違いです。様々な言葉を集めて、それらを使いながら試しながら整理整頓をしていくのです。

ビックリ！

先生　「よしくん、前をむいて食べないと、
　　　ボロボロこぼしてしまうんだよ。
　　　ニワトリさん呼んできて食べてもらおうか」

ちひろちゃん　「えっ…！みんなのうちでは
　　　ごはんの時、にわとりもいっしょに食べるの…？」（四歳児）

ぼくの顔

つばさくん　「先生、ぼくの顔赤くない？」
たくとくん　「好きな人できたんじゃないの」
つばさくん　「ちがうよ。走ってきたんだよ」（五歳児）

どうして？

ゆうきくん　「ゆかちゃんの顔赤いね」
ひろしくん　「あ、ゆうきくんも赤い。ともくんも赤いね」
りょうすけくん　「みんな照れてんだよ。キット」
ゆかちゃん　「ひろふみくんは、耳がてれてるな」
ゆうすけくん　「それは、しもやけっていうんだよ」（四歳児）

「ビックリ！」や「ぼくの顔」は全くのかんちがいというか思い違いで、「どうして？」は、思わず笑ってしまう愉快なかんちがいです。しかし、こんなかんちがいの中にも、言葉の深さや豊かさが感じられます。

次の三篇は、言葉のイントネーションや発音、日本語の多様さからのかんちがいです。

濡れたハンカチを干そう

先生　　　　「いま、ヒモつけてあげるからね」

こずえちゃん　「先生、火をつけたら火事になっちゃうでしょ」（四歳児）

先生は？

おばあちゃん　「あら？、担任の先生いらんねげど　どうしらったの？」

先生　　　　「今日は健康診断なの」

もえちゃん　「けっこんすんだ…って、何！」（四歳児）

英会話

ショーン先生　「マイネーム　イズ　ショーン！」

ゆうやくん　「マヨネーズ　ユウヤ！」（五歳児）

「紐」が「火も」にかんちがいされ、「担任の先生がいらっしゃいませんが、どうなさったのですか？」という質問に対しての「けんこうしんだん」は「けっこんすんだ」になり、「マイネーム」は「マヨネーズ」となってしまいました。それらはみんな、耳に聞こえた音からのかんちがいで、子どもは音から言葉を獲得していくという一つの証かしだと思います。
こうしたかんちがいは結構多く、時には大人も同じようなかんちがい聞き違いをすることもありますから、日本語自体がこういった特徴を含んでいるのかもしれません。また、次の例に見るように、同じ言葉で意味の違う言葉をたくさん持つ日本語のむずかしさにも、子どもたちは間違いながらも果敢に挑戦しています。

氷の張った朝に

先生　「こっちの氷のほうが向こうの水たまりの氷より厚いよ」
よしゆきくん　「えっ！暑くないよ。寒いよ」
先生　「そうじゃなくて、薄いのと厚いのの違いのことよ」
だいきくん　「（さわってみて）やっぱり熱くないよ」（四歳児）

散髪

先生　「しゅんくん、かっこいいねぇ」
しゅんくん　「うん、かってもらったの」
ゆうたくん　「どこでかってきたの？」

しゅんくん　「あっちの店でかってもらったの」
すぐるくん　「ぼくはわるいことをすると、
おかあさんにしかってもらうよ」（五歳児）

イナゴの年ごろ

こども　「先生、虫の年ごろはどのくらい？」
先生　「としごろ？」
こども　「うん、食べるときのとしごろ」
先生　「それって、食べごろのこと？」（四歳児）

まる一カ月

りこちゃん　「まる一カ月ってことは…」
みゆちゃん　「まるがいっぱいのことでしょ」
りこちゃん　「一カ月ずーっと、ノートにつけていくことだよ」（五歳児）

「氷の張った朝に」の「あつい」という言葉の使い方から、日本語の使い分けを覚えていく過程やむずかしさが読み取れます。「散髪」での「刈ってもらう」は「買ってもらう」に変化しています。しかし「しかってもらう」という発展は、大人の予想を覆す発想です。「イナゴの年ごろ」は「ごろ」が繋ぐかんちがいで、「まる一カ月」は時名詞と言われる名詞ですが、「一カ月」だけでもすでに名詞ですから、この「まる」の理解は子どもにとってとても難しいものがあります。しかし、まるそのもののかんちがいはありますが、一カ月続けることという理解はできています。

じどう？

みなみちゃん　「今日ね、
　よしみつくんとじどうに来て
　よしみつくんとじどうに遊んで
　よしみつくんとじどうに仕事して
　よしみつくんとじどうにお帰りの支度したの」
先生　「？…？…？…それ…同時のこと？」
みなみちゃん　「あっ…うん、そう」
先生　「すごいね。むずかしい言葉もよくしってるね」　（五歳児）

幼児期の言葉の獲得スピードは目を見はるものがあり、五歳児ともなると単なる聞き違いではなく覚えた言葉を盛んに理解し使おうと試みます。

この「じどう」の言葉は間違えながらも、意味はきちんととらえています。先生から「同時」という正しい使い方を得ることによって、言葉と意味が一体の正しいものとなっていきます。たくさん間違えてみることの大切さ、さりげなく援助していく大人の会話が重要であることが子どもたちの会話から読み取れると思います。

言葉への野性的挑戦

「かんちがい」「言いちがい」からは、言葉を使いこなしていく過程が読み取れるかと思います。言葉そのものの獲得は、乳児期にまず耳から聞きまだ言葉にはならない喃語と言われる音声を発します。そして言葉を話す人という環境に囲まれながら、口の開き方動かし方などを学び得て言葉と話し方を覚えていきます。

年齢による語彙の獲得数や文法上の使い方などは多くの研究者たちによって読み解かれていますが、ここでの「かんちがい」や「言いちがい」の興味深いところは、適切に使いこなすために「言葉」に挑戦している子どもたちの姿です。それは、あいうえお順やひらがなからカタカナそして漢字などという順序的受け身的な学習ではなく、間違い、考え、試し、再度使ってみる、というような野性的な挑戦です。

大人になっても新しい言葉には結構出会い、本やメディアから得た今まで使ったことのない言葉やかなり日本語化してきた外来語など、結構気になり何処かで使ってみたくなります。しかし、適切ではないかもしれないという不安や使いこなせない場合の恥などが頭をよぎって臆病になり、野性は理性に抑えられてしまいがちです。

間違えてもいい時期、間違った方がいい時期はそんなに長くはないのかもしれません。試したり考えて再度挑戦したりできる時期は、言葉獲得の旬ともいえるのでしょう。そして、この子どもたちの逞しさは、人間の本来の力強さだと感じさせられます。

成長の横糸―子どもの発達を促す環境的側面

五感と体験を通した思考
― 体験 ―

幼児期の学びは遊びが基本であり、遊びを通した体験の積み重ねは感性や創造性や想像力などを育て、人と関わる力、我慢する心、これからの人生を生きて行く知恵など、人生の基礎となるべきものを育んでいきます。幼児期の数多くの体験は、心と知識と言葉の幅を大きく豊かに広げます。

おもちゃの車でぶつかった

先生　「いたたたた…」
ともきくん　「だって、シートベルトしてなかったんだもん」（二歳児）

ままごと

ふうかちゃん　「先生、病院やさんに行って、注射してくるね」（二歳児）

お母さんごっこ

先生　「いってきまぁす」

ともきくん　「気をつけていってきてね」

ももみちゃん　「オオカミに食べられないでね」（二歳児）

転んで泣いている友だちへ

ゆうとくん　「脳みそこわれると大変だったね」（三歳児）

はじめての裸足

ゆうまくん　「くすぐってぇ〜〜！」（三歳児）

二歳児の体験は、多くは「ごっこあそび」を通した疑似体験での言葉です。しかしそれは、シートベルトや病院での注射など体験を踏まえての言葉となっています。三歳児の、転ぶという体験はケガを招くこともあることを知り、安全への積み重ねになっていくのでしょう。くすぐったいというはじめての裸足経験は、体験したからこその実感がはじけるように伝わる言葉です。
さて、四歳児ともなると、がぜん言動に深みが増してきます。

カエル
しょうたくん　「カエルを見てんの。ずーっとずーっとずーっと見てんの。カエルもずーっと動かねぇよ」（四歳児）

イナゴ取り
はるかちゃん　「イナゴも大変だねぇ」
先生　「どうして?」
はるかちゃん　「だって、逃げなきゃいけないんだもん」（四歳児）

ニワトリがいると

やまとくん「ぼくの家にニワトリがいるんだよ」
先生「毎日卵が食べられていいね」
やまとくん「ううん、毎日じゃなくて、たまーに産むの」
ひろゆきくん「ニワトリのいる家はみんな早おきなんだよ」
先生「へぇ～、どうしてなの？」
やまとくん「だって、コケコッコウーって鳴くからだよ。
みんなおきちゃうの」（四歳児）

水たまりのカエル

ひろちゃん「すごい！足だけで泳いでいるよ」
かずくん「ぼくのはぶらさがってる」
まあくん「ぼくよりすごいことできるな」
ひろちゃん「なんか、元気ないな」
まあくん「お母さんいないから寂しいんだべ」
かずくん「そうだよ。そうだよ」

ひろくん　「おなかもすいてんだべ」

りょうくん　「ぼくたちとおんなじだな」（四歳児）

カエルやカブトムシやイナゴやニワトリ、その生きた命と実際に接することは、絵本やお話とはまた違うものが加わります。それは温もりでしょうか。血の通う温かい言葉が発せられます。よく見て対話して、それぞれの虫や動物の気持ちを思いやる心も育ちます。もし、これらの小動物が本物でなかったとしたら、ここにあるすべての言葉は生まれていないでしょう。

ブランコにのって

あさみちゃん　「風があたって気持ちがいいよ。後ろも顔も気持ちいいよ。足も気持ちいいよ」（四歳児）

ナズナを振ると

りくくん　「おっ、すげー。鈴がはいってていいんのか」（四歳児）

氷

とおるくん　「お外、ガリガリって氷になってってとこあんぞ。
そうでないとこもあんぞ。
だって、ぼく踏んで見たもん」（四歳児）

予感

ゆかちゃん　「私の手がこんなに冷たいから、
雪が降ってくるのかな」（四歳児）

実際にブランコに乗ったからこそ背中にも顔にも足にも風を感じ、ナズナを振ってみれば鈴のような音を知り、外で遊んだからこそさまざまな氷を感じることができるのです。そして、手の冷たさから過去の天候や雪の体験を取りだすという手段もすでに身に付けていることを知ることができます。

夏の思い出

りょうくん　「ぼく海に行って泣いたんだよ」
先生　「どうして？」

りょうくん　「波がくっからー。波がついて来いっていうんだよ」（四歳児）

ダムづくり
ひろとくん　「裸足になってどろんこに入んのって、ちょっとドキドキするよな。んだげんじょ、はいっちまうとニュルニュルしていい気持ちだよ。ころばねようにして遊ぶとチョーサイコー！」（四歳児）

秋の遠足―登り坂
せいかちゃん　「のぼって　あるいて　のぼって　あるいて
のぼって　あるいて　のぼって　あるいて
まだまだつかないなぁ。
のぼって　あるいて　のぼって　あるいて
ついたらすぐに、おやつたべよーっと！」（四歳児）

下り坂
ゆうやくん　「あ〜、体が早くなる！早くなる！」

ゆりこちゃん　「あ〜、体が軽くなる！軽くなる！」

たかやくん　「こんなに速く走れたら、リレーで勝てたのになぁ」（四歳児）

海のない地域で育ってはじめて波の恐怖を感じた体験、はじめての泥の感触や裸足でのあそびから感じ取る体験は、言葉での表現もさながら体の中に仕舞い込まれるはずです。そして、坂道の上り下りの体験はまるでその曲線が見えるように、リアルにその大変さと楽になった様子が伝わってきます。体験は本物を知り知識に厚みが加わっていきます。

サツマイモの苗植え

先生　「サツマイモの苗は赤ちゃんです。

こうやって大切に植えてください」

みんな　「はぁ〜い」

ひろきくん　「先生、ひろき上手に植えられたでしょう」

先生　「上手だねぇー。おおきくなるといいね」

ひろきくん　「十一月には生まれてきてね」（五歳児）

運動会

ゆきこちゃん　「先生、なんだかドキドキする」
先生　「どうしたの？」
ゆきこちゃん　「運動会って思うと、すご～くどきどきする」
なおちゃん　「私だって、町民運動会でドキドキして止まんなかったよ」
ゆきこちゃん　「だけど、運動会って楽しみなんだよね」（五歳児）

発表会の日

みくちゃん　「先生、ここさわって！あったかいのよ」
先生　「うわぁ、きもちいいねぇ」
みくちゃん　「みんな、発表会がんばれって、お日様が勇気くれたよ」
先生　「ガンバロー！」
みんな　「エイ、エイ、オー！」
ゆいちゃん　「ドキドキとまったみたい」
～終了後～
しおねちゃん　「あぁ～、終わったぁ。がんばったぁ～。ほっ！」

まなみちゃん　「でも、まだ少しドキドキ！」
ななこちゃん　「がんばるって、気持ちいいよねぇ」
みくちゃん　「あしたもガンバロウ！」
みんな　「エイ、エイ、オー！」（五歳児）

お店屋さんごっこ

「いらっしゃいませ〜いらっしゃいませ〜
　あぁ、売れないなぁ。
いらっしゃいませ〜いらっしゃいませ〜
　あぁ、つかれた。
いらっしゃいませ〜いらっしゃいませ〜
　売るのって難しいなぁ。
おきゃくさんこっち！いらっしゃいませ〜
いかがですか？
　ありがとうございます。
いらっしゃいませ！いらっしゃいませ！」（五歳児）

さつまいもの苗植えなど、季節に合わせた体験を積み重ねていくことの大切さが子どもの言葉を通して伝わってきます。また、運動会や発表会などの行事からは、子どもたちの緊張感や意欲が痛いほどに伝わってきます。自分を自分で越えて行く体験を積み重ねているのです。また、「お店屋さんごっこ」のつぶやきからわかるように、疑似体験ながら仕事の大変さも喜びも感じ取っていくのです。

失敗

みやびちゃん　「目が爆発したんだよ」
先生　「どうしたの？」
みやびちゃん　「ゲームやりすぎたんだ。失敗！失敗！」（五歳児）

子どもの遊び

けいしくん　「先生は子どものころどんな遊びをしたの？」
先生　「川に行ったり、缶けりしたり…
今みたいにファミコンなんてなかったからね」
かずくん　「ぼくのお兄ちゃん　ファミコンばっかりやって怒られてるよ。

電気代ばっかり使っていんなって」（五歳児）

きらいだけど

りくくん　「先生納豆いっこにして」
先生　「うん、一粒食べてみようね」
りくくん　「苦手だけど、納豆一つと仲良くなってみっから」（五歳児）

失敗体験や兄など身近な人のマイナス体験もしっかり心に留め、きらいだけど納豆を一粒から食べてみようとする努力型の体験、五歳児ともなると心理面でも自分を表現できるようになり心の育ちが見えていきます。

先生も風邪をひいた

かずくん　「先生かわいそうだな。
こんなおいしい給食食べらんにぐって」
しげきくん　「先生も休むことあんだな。
ぼくだって一回休んだもんな」（五歳児）

お月さまも…か

ゆうたくん　「あっ、お月さんがいない。どごさ行っただべ」

おにいちゃん　「バガ、雲さかぐっちんだ」

ゆうたくん　「あっそうか、お母さんに怒らっちゃのが！」（五歳児）

自分の体験を通して人を思いやる気持ちも育ち、自分の日ごろの体験を月にも映すユーモアも持ち合わせています。実体験を通して身体全体に染み込んだ知識と感覚は、人生の生きる力の貯えになっていきます。子ども時代に、自然や動植物や友達やいろいろな人に触れて実際に体験することは幼児期の、いや人生の必須科目なのです。

―音楽―

子どもたちは良い耳を持ち、様々なことを音と言葉に変換する能力に長けています。素晴らしい作曲家たちが最初に音をどのように感じ、やがて音符に表わしていったかというその過程が見えるようです。

かわいい

先生　「♪かわいい　かわいい　あやねちゃん♪」

あやねちゃん　「♪かわいい　かわいい　まり先生♬」（一歳児）

続けて歌えば…

ゆかちゃん　「♪ちょうちょ　ちょうちょ　なのはにとまれ～」
このみちゃん　「♪なのはな　つ～～けもの！」（五歳児）

雨ふれの歌

ひろゆきくん　「♪雨、あめ、もっと降れ！　みんなのために！
雨、あめ、もっと降れ！　雨のために！」（四歳児）

さむ～い歌

ゆうたろうくん　「お外に行ってきま～す。う～～、さむ～い！」
かつのりくん　「そんなに寒いの？」
ゆうたろうくん　「さむ～いよ。カチンコチンになっちゃうよ。
♪カチーン　コチーン　カチーン　コチーン
さむ～いよ。さむ～いよ♪」（五歳児）

ぱ・ぷ・ぺ

ゆうたくん

「“ぱ”という字を書いてごましお　パッパッパ♪
“ぷ”という字を書いてごましお　パッパッパ♪
“ぺ”という字を書いてごましお　パッパッパ♪」（五歳児）

子どもたちは、作詞作曲が得意です。情景などから感じたことを言葉にし、その言葉に更に音を加えていきます。先生からメロディをつけてかわいいと言われた一歳児が、そのお礼の歌を先生に返しています。「続けて歌えば」に見る五歳児は、「なのはにとまれ」から菜の花を理解し、「菜の花の漬けもの」と繋いでいることは見事です。パロディのようにも見えますが、この背景に歌詞を理解する力と菜の花を漬けものにして食する家庭の環境があるということです。また、雨や寒さなどに感じた思いをメロディに乗せることで、その思いがより強く伝わってきますし、「ぱぷぺ」に見るごま塩の表現も愉快です。見たもの、触れたもの、耳を通して聞こえたものなどが音に変わるのです。言葉と音楽を重ねることで、子どもたちは感情を大きく表現することができるのでしょう。

次は、様々なものを「音楽」として感じる子どもたちの情景です。

雨

りおちゃん　「あ！雨がポトンだ！」
こうしくん　「雨、とっぽん、とっぽん」（三歳児）

バケツや空き缶に落ちた雨しずく

まさとしくん　「太鼓の音みたいだな」
さとしくん　「歌になるんだよ」（四歳児）

じゃり道

かずとくん　「ジャリんとこ歩くとな、オンガクになんだよ」
先生　「オンガク？」
かずとくん　「ほら、ピアノとかあんべ、音出んの。あぁいうののこと！」
先生　「ナルホド、音楽ね！」（四歳児）

雪の音
ゆうじくん　「先生、雪の音聞いて！」
先生　「ホントだ。音がするね！」
ゆうじくん　「いい音がするよ。ほら！
　すてきな音がするよ。ほら…ね」
みさこちゃん　「太鼓みたいな音だね」
三人　「いい音だねぇ〜〜」（五歳児）

雨がポトンと落ちてきた時トポンという音楽になり、バケツや空き缶に落ちれば太鼓の音や歌になり、砂利道を歩けば何とも言えないリズムに包まれ音楽になるという、子どもたちが音楽を感じる瞬間を捉えている言葉たちです。そして、様々なものの微妙な音は、見事な擬音表現となります。

次は、子どもたちの言葉と音とリズム表現です。

雨の日の軒下
かずきくん　「お！　とっとっとっとって　いってる！」
ゆうへいくん　「ちがぁーぞ！　だ・だ・だ・だぞ！」

かずきくん　「雨降り坊主が来たのかな」（四歳児）

のどの音
しんたろうくん　「水飲むと、ゴギュ　ゴギュって　音すんだよな」（四歳児）

石ころ
だいすけくん　「石と石をたたくとカチカチするよ」
ひろしくん　「トントンっていう音だよ」
ひろたかくん　「コンコンっても聞こえるよ」
だいすけくん　「んじゃな、石ころはいろんな音もっていんだべ」（五歳児）

雪の降る音
こうじくん　「雪はね音はしないけど、
でも　よ～く聞くと　ちりちりちり…って降るよ」
ゆかちゃん　「ぽん・ぽん・ぽん・ってするよ」
まゆちゃん　「どんどこどんどこって降る時もあるかも！」

このみちゃん　「屋根から落ちるときは　ごすん！」（五歳児）

雪だるまつくり
たけしくん　「みてー！でっかい雪だるま！
大きくなるとね、雪がね　メリメリブツブツっていうんだよ。
ほらね、またメリメリブツブツってなるよ！」（五歳児）

音楽
ななちゃん　「牛乳ゴクンゴクンって飲んでいたら
ゴックンズーって音楽になっちゃった。
あと、髪の毛でもなるよ。シャッシャッシャッ　ね。
足でもトントン、ほらね。
風だって　ヒューって音楽になるよね」（五歳児）

雨だれは「とっとっとっとっ」または「だっだっだっだ」、水を飲むと「ゴギュゴギュ」、石のぶつかる音は「カチカチ　トントン　コンコン」、雪の降る音は「ちりちりちり・ぽん・ぽん・ぽん・どんどこどんどこ」、雪だるまが膨らむ音は「メリメリブツブツ」、体験無くしては表せないその表現の豊かさには舌を巻いてしまいます。そして、牛乳を飲んでも音楽が生まれ、髪の毛でも足でも風でも音楽は生まれ、子どもたちは自然のオーケストラを指揮しているようです。さて、指揮しているのは、きっとこんな曲でしょう！

♪とっとっとっとっ　だっだっだっだ
ゴギュ　ゴギュ　カチカチ　トントン　コンコン
ちりちりちり　ぽん・ぽん・ぽん・どんどこどんどこ
メリメリブツブツ　ゴックンズー
シャッシャッシャッ　トントン　ヒュー　♪

何とも楽しくなってきます。
こういったオノマトペ（擬音語・擬態語）が、特にこの「音楽」と括られた中に顕著に見られます。オノマトペを使った表現は、日本語には他言語に比べて多いと言われます。
一般的には、犬を「ワンワン」と言い、猫を「ニャーゴ」、車を「ブーブ」や「ブップ」というなど、幼児語扱いのオノマトペを思い浮かべるかもしれません。しかし、気づかないままにも大人もたくさんのオノマトペを用いています。例えば、「雨が降る」

の言葉に「ザーザー」「ポツポツ」「シトシト」などの言葉を添えるだけで、雨の強さや情景が見えてきます。

子どもたちの言葉には、一般的に定着しているオノマトペ以外に雪の音に「ちりちり」や「ぽんぽん」を加えたり、雨の音は「とっとっとっとっ」「だ・だ・だ・だ」と表現したりして、個性的に情景を伝えています。これは、使い古された言葉に頼るのではなく、自分の五感を通して対象を正確に捉えたオリジナルの表現です。

発表会の練習

ゆうたくん

「発表会の練習の後は、
ぼくの耳の中に音楽が入っているんだよ。
ほら！聞こえるでしょ！」（四歳児）

ゆうたくんの云うように、子どもたちの耳の中には音楽が入っているというのはどうやら本当のように思えます。

音楽は芸術に繋がり、その芸術性を生み出す源は感性であろうかと思います。幼児期のオリジナルの感性こそが、一人ひとりの人間の感性なのだろうと思います。

立体的な思考と情緒を育む

「体験」に括られた言葉は、まさに体験から生み出されるもので、実体験こそ生きた学びとなり言葉を豊かにして蓄積されていきます。この体全体で得た学びを、たっぷりと幼児期に重ねることが大切なことはいうまでもありません。ところが、先に述べた「生きる力」の弱さの一因として、実体験不足をあげる人が少なくありません。また、様々な少年犯罪や社会とのかかわりを絶って暮らす若者の現状を見てみると、テレビやゲーム、スマホやインターネットなどによるバーチャルな体験を「体験」と錯覚しているのではないかと案じられるのです。しかし、それらは子どもたちの声なき声であるのかもしれません。耳を澄ませば、「いっぱい遊びたい」という声にも私には聞こえるのです。

時代背景もあったのでしょうが、私は悔いのないほど子ども時代にたっぷりと遊ぶことができました。小学校時代でさえ、一日中遊びに明け暮れていたような記憶です。花・虫、山・川・野原、神社仏閣、四季折々、様々なものと様々な場所で、大胆で緻密で奔放で柔らかな体験と遊びを友達という集団の中に楽しむことができ、子ども時代にストレスなどという言葉は存在しなかったように思います。遊びにやり残しを感じることなく、満腹感をもって次のステップへと進めたように思えます。

無心に遊ぶことを仕事とできるのは、幼児期の特権です。幼児教育のすべては、「遊びを通して」という形容に始まるように、遊びこそが学びです。それは幼児期にとどまらず、子どもと言われる時代全般のたっぷりの遊びは、思考の深みへと導くと共に生きる力の源となるものであろうと思います。

「音楽」については別な角度から見ることも出来ますが、五感を通し体験と絡み合うことで豊かな情緒を育むことになるという観点から捉えてみました。

「音楽」は音を楽しむと書くように、まさに子どもたちは音を楽しみ、無数にある大自然の中や身の回りにある音を敏感に捉え、情景描写や感情に添った表現をしています。古代から収穫の喜びや祈祷などに音楽が用いられた理由が、子どもたちの姿から伺われます。

また、「音楽」の中に見られる子どもたちの弾むようなオノマトペは、まさに体験との共鳴でしょう。

今井むつみ・佐治伸郎ほか著による『言語と身体性』（岩波書店）は、「知覚や感情というイメージを人はどのように言語という記号に結びつけてきたのか」について、コミュニケーションの認知科学という方向から探られています。

その中で、鳥を表現するために手をパタパタさせる動作や犬をワンワンという鳴き声で表現するオノマトペを類像記号というのだそうですが、「類像的特徴を持つオノマトペの意味は、人間が身体を通じ得られた外界の多様な情報を全体的にコード化すると考えられる。例えば、『ベチャベチャ』というオノマトペによって想起される意味は、『濡れている』視覚的なイメージ、その感触、水のしたたる音、不快感に至るまで、具体性を帯び想起されるだろう」と述べられています。そして、「ある言語記号の運用が慣習化されると、それを基盤にして、また新しい視点からの言語記号の運用が生まれる。この過程を繰り返しながら、言語は洗練され体系化されたものになっていく」とあります。私たち大人にとって言葉は頭で考えたり思いを相手に伝える手立てであったりしますが、子どもにとっての言葉は抽象的なものではなく、自分の身体から得る感覚にとても近いものなのでしょう。

自分の五感を通して得た感覚や感情を正確に表現しようとした結果が音楽やオノマトペなのだろうと思います。体験を通した学びは、「百聞は一見にしかず」というように百倍の力を持っています。全身で世の中に立ち向かう子どもたちに、私たちは広々とした場を提供していきたいものです。

情景と言葉の調和

― 表現 ―

子どもの様々な表現方法は、様々な気付きであり比喩であり豊かな発想です。その気づきや比喩などが生まれる背景には、感動や体験、ものや人たちという豊かな環境があったはずです。どんな環境、どんなかかわりが子どもたちの言葉と心を育んでいくのでしょう。

台所の野菜

みゆちゃん　「これは?」
ママ　「カリフラワー」
みゆちゃん　「これは?」
ママ　「ねぎ！」
みゆちゃん　「ここは畑だね！」（一歳児）

トイレのスリッパが…

みゆちゃん　「先生、大変！スリッパがけんかしてるよ！」

先生　　「あら〜！」
みゆちゃん　「早く仲良しにしなきゃ！」（二歳児）

台所は野菜がたくさんある場所であり、この子どもの環境が農業とかわっていることもあって、一歳児ですでに野菜と畑のつながりを感じています。
二歳児では、スリッパが散乱している様子を「けんか」と称し、きちんと揃えることを「仲良し」と表現しています。これは、普段保育者が常に「スリッパを、仲良く揃えましょう」などと話している言葉を理解した上で仲良しという言葉に反することを「けんか」と称したのだと思います。二歳児ですでに反対語を知り、それをきちんと使っているということです。

愛情弁当の日
やまとくん　「ね、みて！みて！
ぼくのかばん、すごく満員だよ！」（三歳児）

カブトムシが…
そうごくん　「カブトムシが、のこったのこったしてる！」（三歳児）

水たまり

先生　「この水たまりにはいってみようか」

おさむくん　「水たまりって磁石みたい！

ながぐつがくっついちゃうよ」（三歳児）

三歳児の表現は、「満員」や「のこった、のこった」「磁石みたい」など、見たものを「まるで○○のようだ」という表現や自分の感情と結びつけて表現しています。

次の四歳児もまた同様の形を残しながら、あふれるほどの様々な表現を見せています。

大雨

ちさとちゃん　「幼稚園のお庭がみずうみになってる！」（四歳児）

紅葉

としてるくん　「あっ！あかくなってる！

葉っぱだよ。よっぱらってんだよ！」（四歳児）

初雪

まさきくん　「うわぁ！　雪の天国にきたみたいだぞ！」（四歳児）

だんごさし

しおりちゃん　「みんなが花さかじいさんになったみたい」（四歳児）

わだちの農道

みゆちゃん　「ふたりみちになってる！」（四歳児）

石が道の両脇に並んでる

はるかちゃん　「この道、歯みたい！」（四歳児）

保育参観

ちほちゃん　「今日は山盛りお客さんだぁ」（四歳児）

四歳児の表現は、実に豊かです。三歳までに膨らんできた蕾が、春を迎えて花開いたように、子どもたちの感性と言葉が咲き乱れています。人生でいちばん感性と感情と表現が豊かな時期ではないかとさえ思わされます。

　前述の子どもたちの言葉は、目にしたものを瞬時に過去の情景と知りうる言葉に繋いだ表現となっています。「お庭がみずうみ」という言葉でいかに大雨が降ったか、「雪の天国」に如何に美しい初雪の真っ白い光景であるかが目に浮かび、「花咲かじいさん」が枯れ木に花を咲かせたように水木の枝に団子がたくさん挿し飾られたことがわかります。まるで、オノマトペのような言葉の使い方です。また、わだちは二人で歩くふたり道、石の並びは歯の並びのようであり、参観日の多くの保護者は山盛り、こんなにわかりやすく情景を相手に思い出しやすくさせる表現を子どもは瞬時に選んで話すのです。

　子どもたちを取り巻く豊かな環境は、子どもたちの豊かな言葉で表現されています。

給食当番
　たけるくん　「えいようはいりませんか。えいようはいりませんか」（四歳児）

ほら…
　しおりちゃん　「私ね、耳からみんなの声が聞こえるよ。静かに聴いてごらん」
　ゆうきくん　「ゆうきくん！今日はおりこうだねって言ってたよ」（四歳児）

カレンダー

ゆうきくん　「ぼくんちのカレンダーはな、追いかけてくるんだよ。
ぼく、毎日見てっからわかるんだよ」（四歳児）

お弁当ひっくり返しちゃった

ちせちゃん　「お母さんのところにだけ地震が来たのー？」

お母さん　「あーっ」

お母さん　「…大きい地震だったねー」（四歳児）

「給食当番」のように形には見えないものを表現したり、「ほら…」の貝殻を耳に当てると自分に自分のことが聞こえるなど、子どもの内側にある思いが表現されています。また、「カレンダー」の追いかけてくるという表現からは過去と未来という時間を感じ取っているようにもみられ、子どものこれからの人生の長さが見えるようです。

「お弁当をひっくり返した」親子の会話からは、ひっくり返してしまったのが子どもだったなら、大人からは決して導き出されない「地震が来たの」という言葉ではないかと思います。むしろ、叱られてしまうに違いありません。子どもの、人に対する優しさ大らかさが見て取れます。こうした、心模様も表現できるようになってきています。

切れないハサミ
りょうくん　「切れないハサミは、腐ってるんだよな」（四歳児）

水びたし！
りかこちゃん　「金魚のお水が脱走しているよ！」（四歳児）

ある晴れた日
いくやくん　「まぶしくてまぶしくて、目玉がとびだすよ」（四歳児）

うふふ
えいしくん　「ぼくね、パンがおいしくて口が止まらないよ。
うふふ」（四歳児）

子どもたちの言葉を読み進めるだけでも、表情や息吹が感じられるのではないかと思います。いずれにも愉快な気の利く表現に溢れ、時に吹き出したり、なるほどと感心させられたり、大人を笑顔にさせずにはおれません。

幼児期は、言葉の芽吹きに始まり、三歳児で蕾がふくらみ、四歳ころには見事に花咲き、やがて実りの五歳児となっていきます。

イナゴ取り
なるみちゃん　「イナゴの口ってかわいいね。
うたをうたっているみたいだな」（五歳児）

茹でたばかりのイナゴを見て
ゆうきくん　「まっかな体になって、おごってる（怒ってる）
みてぇだな」（五歳児）

イナゴの足取り
たけゆきくん　「すごい！すごい！」
先生　「どうしたの」
たけゆきくん　「このイナゴ、おどってるみたい。
おどっているのばっかり！」（五歳児）

雪

さちこちゃん　「白い桜の花が咲いたみたいできれいだねぇ」（五歳児）

サクランボの黒い実

まさとくん　「あっ！サクランボのホクロだ！」（五歳児）

目にしたものを「～のようだ」と、全く別の動作や感情を当てはめてよりわかりやすく表現しています。秋恒例のイナゴ取りを体験する中で、イナゴの小さな口を見て歌をうたっているようだと感じ、佃煮にして食べるための下ごしらえで茹でて赤く変色したのは怒っているようであり、その足はまるで踊っているようだと表現しています。これらは実体験から導き出された言葉です。また、「雪」や「サクランボの黒い実」に見られる表現も、同じく「～のようだ」という表現で強調されています。

顔が…

じゅんぺいくん「走ると顔がストーブになるよ！」（五歳児）

強〜い日差しの日、タイヤに腰を掛けたらね

ありさちゃん　「うわっ！おしりが日射病になる！」（五歳児）

暑い日差しの中で

ゆうきくん　「うわぁー、顔にお日様が四つもあるみたいだ！」（五歳児）

あっ！

みさきちゃん　「歯でくちびる踏んじゃった！」（五歳児）

直接的な言葉を使わずに、こんなに状況を見事に表現する方法を子どもたちは心得ています。「走ると顔がストーブになる」「おしりが日射病になる」「顔にお日様が四つもある」のいずれにも、「あつい！」という言葉が隠されていながらあつさをより強調しています。また、「歯でくちびるを踏んだ」という表現にも唸らされますが、ここにも「痛い」という言葉が隠れています。こんな気の利いた比喩の技法はなかなか大人には使えそうもありませんが、子どもはさらりと表現するのです。

ドキドキ
さきちゃん

「あのね、ドキドキには二つあるんだよ。
ドッキンドッキンは緊張してるときのやつ。
ドキドキドキ…は楽しいなと思うとき。
今は運動会が楽しみでドキドキドキの分なの！」（五歳児）

太陽
たかやくん

「太陽はな、子どもたちを見るために明るく光るんだよ」（五歳児）

たんぽぽ
かずやくん

「あのね、たんぽぽってね、あたまから赤ちゃん
いっぱい産むんだよ。
あのフワフワっていうのがぜ～んぶ赤ちゃん！」（五歳児）

時計
みほちゃん

「時計ってね、はずかしがりやなんだよ」

先生　「どうして？」
みほちゃん　「だって、ずーっと時計のこと見てると、
　ぜんぜん動かないんだもん」（五歳児）

自分の身の回りに起きたことを自分で考え、自分で解説をしています。自問自答的表現でもあり、人にゆだねることなく自分で考えて表現する力がついてきているのです。

宇宙？
めぐみちゃん　「プールの中で泳ぐのって宇宙みたいだよね」（五歳児）

桜吹雪
ふみやくん　「まるで桜の町じゃねぇか」（五歳児）

草花遊び
ななみちゃん　「わたしね、ピンクの花すき！」
あかねちゃん　「わたしはみずいろすき！」
ななみちゃん　「一緒にしたらなかよしの色になるね！」（五歳児）

とおるくんの時計
　この夜の朝
　この朝の夜
　この夜の朝の夜
　この朝の夜の朝
　この夜の夜の朝
　この朝の朝の夜
　この夜の朝の朝　（五歳児）

聴く者の心を躍らせ、なるほどと思わせられる表現がたくさんあります。「とおるくんの時計」は、まるで大人の詩人の作品のようです。長針と短針のついた時計ではなく、もっとスケールの大きい時の流れを感じさせられる言葉です。

みそっ歯
　りゅうとくん　「ぼく、十年も歯を磨いてないから、歯がないの」
　たくとくん　「まだ産まれて十年もたってないだろう」（五歳児）

金魚を見ていたら

先生　「水が少なくなったから、もっとたくさんいれてあげなきゃね」

りょうくん　「そんなことしたら金魚がおぼれるよ！」（五歳児）

霧の朝

ねねちゃん　「あ～真っ白！
だれかいっぱいタバコすったんだね」（五歳児）

お風呂でスポンジを泡立てながら

こうだいくん　「あわって消しゴムなんだよ。
体の汚れを消してくれるの」（五歳児）

これらは何とも愉快な表現です。子どもって楽しいなと思わされます。様々な観点から見える五歳児の表現には、四歳の時とはまた違う知的な思考が加わってきていることが感じられると思います。子どもたちの表現から、どんなことを考え、どんなことを楽しみ、どんなことを感じながら日々過ごしているのか、いろんな角度からの豊かな「子ども」が見えてくると思います。また、子どもたちの年齢と言葉を味わうことによって、心と言葉の発達が手に取るように見えてきます。

これらの表現は、書き留めなければ大人は気に留めもせず流れ去ってしまう言葉ですが、こうして書きとどめられた子どもの世界と表現の豊かさにはまったく脱帽です。

― 連想 ―

「連想」には「何かを何かに見立てる」という力が大きく働きます。それは、創造力の源泉であり、言葉の習得の原動力にもなるものです。連想の源となるものは、かつてどこかで見たり聞いたり感じたりしたことなど五感を通した体験などが元となっています。それが新しい情景光景と出会って、記憶を呼び出し並べてくっつけて自分の思いを表現させているようです。別の意味を持つものや無関係な言葉を合わせるわけですから、子どもの脳がいかに柔軟であるかが伺われます。

そのやわらかな脳が、どのように言葉を受け止め、どんな言葉や内容と繋いで表現するようになるのかを見てみたいと思います。

ぶんぶんごま
そうごくん　　「おっ！バイク！」（一歳児）

給食のときに
かずやくん　「このミニトマト、畑のにおいがする」
りょうくん　「ぼくうちの田んぼは、草のにおいがする」（四歳児）

ヨモギ団子づくり
たかしくん　「おなべの中から、団子のにおいしてきた」
やすひろくん　「このよもぎだんご、菊の花のにおいするよ」（五歳児）

ぶんぶんという音からバイクを連想したり、ミニトマトのにおいから田んぼや草を連想し、ヨモギ団子の匂いと菊の花の匂いを繋いでいます。やがて、ヨモギがキク科に属していることを知ることでしょう。これらは、聴覚と嗅覚を使っての連想です。
次に、視覚からの連想を見てみることにします。

洗面器のあわ
あやねちゃん　「ぶどう！ぶどう！」（一歳児）

ずらり並んだサンダル

たいようくん　「しぇんろ（線路）みたい！」（二歳児）

霜柱

ゆうやくん　「骨みたい！」

ようへいくん　「サンドウイッチみたい！」

ともみちゃん　「1がいっぱいあった！」（三歳児）

ハチの巣

ともひろくん　「ハチって、狭いところに住んでんだなぁ」

まあくん　「マンション、いっぺだな」（四歳児）

お泊り会用のお米をばらまいた！

ゆうくん　「お米の袋切れちゃった」

だいちゃん　「ごはん食べられなくなっちゃうよ」

たっくん　「でも、天の川みたいだねぇ」

みんな　「ほんとだぁ」
たっくん　「でも、こぼれても大丈夫だよ。
お米はといでからたくもんね」（五歳児）

一歳児ですでに石鹸の泡からぶどうの房を連想したり、二歳児では並べられたサンダルから長いや繋がるを間に挟んで線路を思い出させています。三・四歳児では一人の連想が連鎖になり言葉が広がっています。五歳児の散らばった米は宇宙にまで広がり、感動から更にこぼれても洗えば大丈夫だという友人への思いやりにも繋がっています。

おはな
みゆちゃん　「このお花ふわふわだね。わんわんみたい。このお花はママだよ。
これは赤ちゃんだよ。ねぇ、かわいいねぇ」（一歳児）

お風呂で
お母さん　「汗かいて頭臭いし、ベタベタして汚いから頭洗おうね」
しょうこちゃん　「ベタベタするって、ガムくっついていんの？
ガム食べてないよ」（四歳児）

もち
　むつみちゃん　「先生、お餅ってね。
　　　　　　　　ジャンプジャンプするトランポリンみたいだね！」（四歳児）

リンゴ丸かじり
しょうくん　「虫の食べ方だ！」
たつやくん　「ぼくはカマキリの食べ方！」
やまとくん　「ぼくなんてネズミの食べ方だよ！」
かいりくん　「ヘビみたいに、長～く食べているよ」
ねねちゃん　「どんな食べ方でもおいしいね」（五歳児）

ふわふわ、ベタベタ、もちもちなどのオノマトペや触感などから、赤ちゃんやガムやトランポリンを思い浮かべ、林檎を食べてほかの生き物の食べ方を考えたりしています。これらは、触覚や味覚からの連想です。

次は「歌」や「物語」という体験から導かれた連想です。

鬼の絵
さくらちゃん　「さくら、桃太郎に変身すんだよ。きびだんごつけてさ」（二歳児）

トンボがいっぱい
たいがくん　「わぁ〜、とんぼのめがねいっぱいだ！」（二歳児）

ワラ
はるとくん　「稲かり終わったね。あっ、ワラだー」
先生　「はやいねー」
はるとくん　「わらでおうちつくろうよ。
シャーシャーとあつめてさぁ」（三歳児）

あっ
こうたくん　「小さな雪だるまができたよ」
先生　「もっとちっちゃな雪だるま作ろうか」
たいちくん　「あっ、五個並んでかさじぞうだぁ！」（三歳児）

大好物

先生　　　「みんなは、カレー大好きでしょ」
たくろうくん　「大好物！」
けんとくん　「雷は、へそが大好物！」（五歳児）

「桃太郎」「三匹の子豚」「かさ地蔵」や「せんたくかあちゃん」などのお話、また「とんぼのめがね」の歌から言葉が導き出され、連想の根底にかつて聞いた物語であったり歌を思い浮かべていることがわかります。お話を聞く、絵本を読み聞かせてもらう、歌を歌うといったことが、子どもたちの言葉を更に豊かにさせていることが伺えます。
次は、似た言葉やものや形からも様々に連想している子どもたちの言葉です。

ネギボウズ

先生　　　「この名前おぼえてる？」
ごうくん　「まるぼうず！」
ひでかずくん　「ネギボウル！」（四歳児）

てるてる坊主
お母さん　「明日お天気になるように、てるてる坊主つくろう」
さとしくん　「うん、てるてる坊主つくろう。あと、三日坊主もつくろう」
お母さん　「三日坊主はいいよ。つくらなくて…」
さとしくん　「つくんなんねだよ」
お母さん　「いみわかんの？」
さとしくん　「わかんね」（五歳児）

吐いた後寝てたんだけど
先生　「まだ顔色悪いね」
たくやくん　「何色になってんの？」（五歳児）

ミミズ
こどもたち　「あっ、ミミズだぁ。ミミズがいるよ」
たあくん　「シミズ、シミズくんだぁ」（五歳児）

台風

みきちゃん　「台風十一号が来たんだよ。五号と六号たすと十一号でしょ」
まさのりくん「台風と台風合わせっと大台風になんの？」
みきちゃん　「大台風と大台風合わせっとキョウ台風！」
まさのりくん「地球もふっ飛ばされたりして！」（五歳児）

子どもたちの連想から導き出される言葉が、全く大人の予想を覆して発せられることに驚かされます。「てるてる坊主」が「三日坊主」に、ミミズがシミズという言葉に繋がったり、台風は足し算式により大きな台風になるという答えが見出されたり、子どもの柔軟な連想ゲームに舌を巻いてしまいます。また、

落花生

しおりちゃん「先生としょうだいくんの顔くっついてんの。
落花生みたいだね！」（四歳児）

月

「昨日のお月さま、バナナみたいだったよ」（四歳児）

このように形から連想される言葉も多く、子どもの言語の貯蓄、引き出しの数は無数に存在していることが伺われます。適切な情景光景に適切な引き出しから取り出して、適切に言葉を当てはめていくパズルのような言葉獲得の基礎となっていると思われます。

言葉の育ち、心の育ち

「表現」「連想」は、結構高度な言語活動と情景描写と言えるかと思います。言語を獲得してから割合すぐに、子どもたちは感じたことを言葉で表現することができるようになります。仕入れた言葉は各引出しに一端仕舞われ、必要なところで取り出されます。子どもたちは全身を使い五感を働かせて、必要な場面で適切な言葉を探して取り出し調合して言葉を発します。この調合具合が、何とも見事です。大人にはいつしか薄れてしまった五感が、見事に研ぎ澄まされていると感じます。

連想するにも表現するにも、基礎となる言葉の数と言葉に匹敵する情景がまず必要です。そして記憶し、いつでも取りだせる整理整頓が必要です。そこから、実際の状況と「〜のようだ」という似たものを探し、組合せ、言葉を作りだす作業を子どもたちは活き活きと楽しそうに行っているようです。

そんな、子どもを取り巻く環境と、子どもの発達段階に応じた子どもの言葉を意識してもう一度子どもたちの言葉を味わってみますと、言葉と心の育ちが流れるように見えてくると思います。その味わいの中にもう一つ「比喩」というキーワードを加えてみますと、更に味わいは深くなります。「表現」にも「連想」の中にも、多くの比喩が用いられています。ほとんどが直喩と擬人法が用いられていますが、時に隠喩も見られます。子どもたちの表現に比喩が多く用いられるのは、言葉を理解して獲得していく上での一つの学習方法と言えるかもしれません。

言葉を文字でも記号でもなく「ことば」として獲得していく上で、様々な情景と結びつけたり、自分自身にわかりやすい例として挙げたりしながら、自分を取り巻く社会の中に通用する「生きた言葉」を獲得していくのでしょう。人間が人間として社会に参加していくための知恵と努力が、楽しげな子どもたちの言葉の後ろから健気についてきています。

季節の流れの中で育つ心

―自然―

子どもたちを豊かに育む環境として、自然はどれほど大きな役割を果たしているかしれません。人とのかかわりとはまた別に、言葉を交わし合うことのない自然ですが、もしかしたら言葉以上に多くのことを子どもたちに語り、子どもたちもまたたくさんおしゃべりしているのかもしれません。

ここでは四季に分け、まずは春から子どもたちの言葉を味わってみたいと思います。

《春》

はる！

きほちゃん　「たんぽぽは、太陽の子どもなんだよ」（二歳児）

はる

あやかちゃん　「あったかくて気持ちいい！」

先生　「春のにおいがする！」

ひろきくん　「春風のにおいがする！」（三歳児）

春風
はるかちゃん　「先生、ビューっと吹いてたけど、
　　　　　　　　春の風だよ。まだ冷たいけどね」（四歳児）

春のにおい
先生　「もうすぐ、土の中からいろんな芽が出てくるんだよ」
しょうたくん　「ふきのとうでしょう？」
ともちゃん　「春のにおいがするんだよね」（四歳児）

木の芽
なっちゃん　「木の芽がふくらんでるよ。
　　　　　　　手で押さえるとかわいいよ」（五歳児）

子どもたちの言葉を聴くだけで、春そのものが見えるようです。雪国の子どもたちにとって、春は大きな変化を全身で感じられる季節なのです。花に鳥に虫に風にと細やかに春を捉え、感じ味わいそして喜びにあふれています。その中でも、風の冷たさや日陰の雪にも気付き、きめの細かい季節の変化もきちんととらえています。

《夏》

どろんこ遊び

りさちゃん　「水たまりは、子どもの遊ぶところなんだよねぇー」
さおりちゃん　「ジュースにもなるんだよねぇー」
まいちゃん　「おだんごもつくれるんだよねぇー」
りさちゃん　「どろんこっておもしろいんだよねぇ。
　また雨が降るといいなぁ」（四歳児）

ヒョウ

しゅうくん　「ぼくヒョウにたたかれたことあるよ。いたかったなぁ」
かおりちゃん　「私のヒマワリの葉っぱね、前にヒョウで穴があいたの」
ようへいくん　「あぁ、りんごが割れっちまうよ。
　このまえもいっぱいやられたから」
あやかちゃん　「お天気になるように、私お願いしよう」（五歳児）

カミナリ
ひろたかくん
「うわぁー、雷は大砲だぁ。耳まで響いてくるよ。
水たまりもゆれてるみたいだなぁ。迫力満点だなぁ」（五歳児）

一番ゼミ
まきちゃん
「あっ、セミの声だ！　一番ゼミだよ。
夏がきたぁ～。夏だぁ～！」（五歳児）

夏の終わり
りゅうたくん
「あ！セミの音かわったよ」（二歳児）

五歳児がセミの声を聴いて夏の訪れを感じ、驚くことに二歳児が夏の終りのセミの声の変化に気づいています。春は花、子どもの夏はセミの声に始まりセミの声に終わるのでしょうか。また、雨やヒョウという自然現象にも夏を感じ、どろんこ遊びに熱中できることもまた夏なのでしょう。

《秋》

モチロン！

先生　「朝ごはん、何食べてきたの？」
すずはちゃん　「新米！」（二歳児）

葉っぱ

とおるくん　「黄色の葉っぱを探しにいこう」
ともふみくん　「先生、上見てごらん。黄色い葉っぱがいっぱいあるんだよ」
ひとみちゃん　「葉っぱが咲いて落ちてくるんだよ
山は子どもの宝物がいっぱいだ！」（四歳児）

もうすぐ

けいいちくん　「葉っぱがいっぱい落ちてる。
あぁ、冬になるんだな」（五歳児）

外は…

しょうへいくん「先生、外が見えないよー」
先生「どうしてかなぁ」
かずやくん「くもってる風だよ。寒くなると出るんだよ」
こういちくん「もうすぐ、雪が降ってくるぅ～」
かずやくん「明日雪だよ！」（五歳児）

秋の空

しおりちゃん「秋の雲って、ゆっくり走っているみたいだね。
　じーっと見ていると、ほっ…っとするんだよ」（五歳児）

大人は見過ごしてしまいそうな季節の変化を、子どもたちは細やかに感じていま す。赤や黄色の葉っぱも秋、葉っぱは落ちて木が裸になれば秋の終り、そして冬への季節の流れ、雲の流れ、寒さを呼ぶ空模様、俳人のような豊かさです。そして、さすが農業が身近な地域においての二歳児の言葉、「何を食べてきたの」の問いに「新米！」の返答には感動です。

ここで、一つ大切なことに気づかされます。最後の「秋の空」に表現される子どもの思いです。秋の表現でありながら「子どものため息」でもあるのです。いつも動き回っていると思われがちな子どもも心疲れボーっとしたい時もあるし、ただ自然とゆっくり対話したい時もあるということです。それを受け止める大人の対応も大切でしょう。

《冬》

初雪

なつみちゃん　「わたしね、ゆきがふってくるとね、
胸がね、ドキドキしちゃうの！」（四歳児）

地吹雪

やすゆきくん　「地面がぐるぐる回ってる！」（四歳児）

雪ってすごい

ひろむくん　「雪ってすごいねぇ」
お母さん　「どうして？」
ひろむくん　「だって、こーんなにちっちゃいのに
こーんなにいっぱい積もっちゃうんだもん」（四歳児）

雪が
りきくん　「背中に雪が入ったぁ。
わぁ〜、つめた〜い！やけどしっちまぁ」（五歳児）

雪
きよあきくん　「今日の雪は、風にのっておおぜいでやってきたね」（五歳児）

寒い
まさつぐくん　「手がズキズキして、何か突きささったみたいだ。
寒さは、すごい力だ」（五歳児）

雪国の子どもたちにとって冬は明確です。何と言っても雪、雪こそが一番の冬です。降り積もる様もいろいろに感じていますが、あまりの冷たさに「やけどする」と冷たさの正反対の言葉を用いてその冷たさを表現したり、「手がズキズキして突き刺さるようだ」と冬の寒さを感じたりしての表現は見事です。そして、「雪が降ってくると、胸がドキドキしちゃう」という言葉と思いは、やがて閉じ込められて処理に疲れて雪が嫌いになってしまう大人たちの心を洗い清める言葉でもあります。大変とか面倒とかの裏側の雪への初心を思い出させるのです。

子どもたちは自然の中でいかに豊かに感じ、言葉と心を耕しているかが感じられます。家族や周りの人たちがかかわり育てることはいうまでもありませんが、言葉を持たない筈の自然が雄弁に子どもたちに話しかけてくれています。そして、体中で季節の変化をとらえ、そんな自然と対話しながら子どもたちは育って行くのです。

積み重ねられる季節

どの季節からも、子どもたちは敏感に季節感を捉えて言葉にしています。そして、まるで歳時記でも開いているかのように、季節と季節の間の微妙な自然の変化も感じ取っていることに驚かされます。この四季の豊かな経験は、毎年毎年積み重ねられていきます。はっきりした四季のある国に生まれ、たっぷりの自然の中で育つ子どもたちの幸せを思います。ただ、これを生かさない、生かせない環境を生み出してしまうとしたら、これ程もったいないことはありません。

今ではメールなどの簡潔な伝達手段が主流となりましたが、かつての手紙のやり取りには最初に季節の挨拶が添えられていました。本題とは無関係な季節の言葉はなくても済むことではありますが、豊かな四季を持つ国の情緒豊かな慣習かと思います。その日本人としての情緒や風情が、子どもたちの言葉の中に見い出されます。

　言葉も使い方も変遷していくことは止むを得ないことかもしれません。しかし、豊かな四季に恵まれた国に生まれ育ち、受け継がれて来た文化、この美しい文化を継承したいものです。そして、子どもたちが、季節を積み重ねながら人間として豊かに醸成していくのを待ちたいものだと思います。

命の繋がり
― 伝承 ―

言葉そのものも伝承されてきたものですが、言葉はまた繋ぎ手としての大きな役目を果たしてきました。民謡や昔話、ことわざなどは、文字よりも唇から唇に伝えられ、昔ながらの風習などは様々な行為を伴いながら言葉を添えて伝えられてきました。これらが繋がり伝えられてきたのは、言葉だけではなく、愛情、しつけ、知恵、そして郷土色豊かな暮らしや素朴な暮らし方などです。子どもたちの言葉から、これまでとこれからにつながるその伝承の風景が感じ取れます。

ぬいぐるみさん　ねんね

あいりちゃん　「小さかった時ね、ママね

あいりちゃんはよいこだ

ねんねしな～♪って言ったの」（二歳児）

これは子守歌の伝承です。子守唄は、単調で優しいメロディに愛情たっぷりの言葉が載せられた自分だけに向けられた宝物のような唄です。ここでは、お母さんに歌ってもらった心地よさがぬいぐるみにも分けられています。この時期に得た幸福感とメロディが、やがて親になった時に子どもに伝えられ、また次の世代へと流れていくのです。

会津の郷土食

先生　「お正月におうちで食べた昔の料理は何でしょう？」

さくらちゃん　「こづゆ！」

りえちゃん　「あかさかな！」

そうごくん　「サメ！」

しょうたくん　「ざくざく！」

ゆうひくん　「ざくざく食べると、お金がざくざく出るのかなぁ？」（四歳児）

だんごさし

みくちゃん「先生、このせんべい神様のせんべい？」
たいがくん「たべれる？」
ちづるちゃん「えー、駄目なんじゃない。神様のなんだから〜」
みくちゃん「そうだよねー。神様たべんだよねー」（四歳児）

豆まき

りゅうたろうくん「あのさ、あんまり強く豆ぶつけたらさ、福まで逃げちゃうんじゃないの」（五歳児）

菖蒲湯

きよくん「お父さんとお風呂に入って、ちんちん洗ってもらったの（菖蒲で）。ちっち漏らさないようにって。うふふ」（四歳児）

各家庭では薄れがちになってきましたが、幼稚園や保育所など幼児施設では年中行事が大切にされています。地域の郷土食に関心を持ち、だんごさしや豆まきの体験、端午の節句には菖蒲湯の由来の伝承や実際の体験などを行います。幼児施設に任せることなく、大人には過去の人々が大切に扱ってきた思いと歴史を次の世代に渡す役目と義務があるのではないかと思います。それが民族性であり、郷土愛や自らの誇りになっていくのだと思います。そしてまた、それは国際社会の中で胸を張って生きて行くための力ともなる筈です。

給食の時

ゆうくん　「食べんの何で遅いんだ。メシ食って遅いのは何やってもできねって、昔からいうべ。早く食えよ」（四歳児）

いろいろな情報

さとるくん　「ウソついたら、鼻伸びるんだよな」
よしおくん　「ちがうよ。ウソついたら、泥棒のはじまりだよ」
せいやくん　「ちがうよ。ウソついたら、ベロ抜かれんだよ」（四歳児）

カエルと雨

あすかちゃん　「カエル殺すと雨降るんだよ。
ちゃんと神様見てんの。
殺さんにだよなぁ」（五歳児）

「飯食って遅いのは、何やっても遅い」「嘘は泥棒の始まり」「カエル殺すと雨が降る」などの戒めは、私たちも大人からよく言われてきた言葉です。「飯食って遅いのは、何やっても遅い」は、今どきは食事はゆっくりしたほうがいいと言われるかもしれません。しかし、速度ではなくこれからの行動に対する気概を感じ取ることができます。また、嘘の代償は大きいものであり、むやみに殺生を行ってはいけないなど、道徳心が育てられていくのでしょう。

こたつ出す日

ひーくん　「寒いね」
先生　「先生ん家なんか寒がりだから、もうとっくにこたつ出したよ」
ひーくん　「先生、こたつ出す時にはね、
いい日に出さなくちゃいけないんだよ」（四歳児）

おひな様を

たっくん「おひなさま早くしまわねど、早く嫁さいがんにだぞ！」

まいちゃん「わたしうちね、お内裏様とおひな様を先にしまうんだよ」（四歳児）

若い世代ではいわれやしきたりなどへの意識が薄くなってしまっている今、祖父母世代からの隔世伝承が大きな頼りかも知れません。核家族では生まれにくく、三世代同居だからこそ受け継がれる言葉のような気がします。こたつをいい日に出すのはきっと火災が起きないようにと願い、お雛様を早くしまうのはけじめある暮らしのすすめなのでしょう。何でもいい、いつでもいいのではなくて、気持ちの整理整頓なのだろうと思います。大切に渡していきたい言葉と戒めです。

ままごと遊び

母役こずえちゃん「火はね、大人と一緒じゃなきゃ使っちゃいけないよ」

姉役たかこちゃん「だって、まだお母さんが教えてくれないんだもん」

父役としみつくん「油は、はねて火事になることがあるからな」（四歳児）

はき掃除をしていたら

ともみちゃん　「わたし、できるよ！」
こうじくん　「ぼくにもやらせて！」
先生　「上手だね。お家でもやってるの？」
ともみちゃん　「私ね、お茶わん洗いもできるよ。お手伝いいっぱいするんだよ」
こうじくん　「なんだ、おめ。もう、お母さんになる練習してんのか」（四歳児）

冬の朝

先生　「おはようございます」
こどもたち　「おはようございま～す」
やっくん　「おさむうございまぁす」（四歳児）

カブト虫の幼虫とり

先生　「疲れたでしょう」
りょうすけくん　「くたびっちゃ」（五歳児）

ころんだから

先生　「お薬つけてあげるね」
みさこちゃん　「先生、オトギリソウつけて！」
先生　「幼稚園にないんだよ。先生の家にはあるんだけどねぇ」
みさこちゃん　「オトギリソウは、ピリッと痛いんだよね」（四歳児）

ヨモギ

ともひろくん　「このヨモギね、けがをした時につけるといいんだよ」
ありさちゃん　「そう、石でつぶしてね。そのつゆをつけると治るんだよ」
ともひろくん　「ヨモギいっぱい摘んで帰ろう。ばあちゃんがどこでそんないっぺえ摘んできただぁっていうべなぁ」（五歳児）

「ままごとあそび」で再現される子どもたちの姿は、「ままごと」の語源が「まねごと」と言われるように、大人たちの言動をまねています。掃き掃除や茶碗洗いの手伝いもまた同じことが言えると思います。「お寒うございます」などの言葉は、父母世代も子どもたちに飛び越す前にぜひ使ってほしい言葉です。

オトギリソウやヨモギなどの薬草は、科学が進歩した現在は一般的に信用度を失い忘れ去られようとしています。しかし、こうした民間治療薬も漢方として大切にされていることも事実です。ヨモギやドクダミなど、薬を持ち合わせていない緊急時に役に立つこともありますので、知識として知っておくことは大切なことではないかと思います。大切な知識や言葉や暮らしぶりが子どもたちの言葉に再現されることは、「繋がっている」という証です。それは嬉しいことではありますが、しかしもっと確実に手渡すためには、伝える大人の意識と生き方が問われるように思います。

― 家族 ―

子どもに限ったことではありませんが、家族は最も信頼できる人たちで構成されています。そんな家族や家庭を、子どもたちはどのように感じているのでしょう。

お家はどこ？

ゆかちゃん　「ゆかのお家は、お山！」

たけしくん　「たけしのお家は、二階！」

かれんちゃん　「かれんちゃんのお家は…

パパの車の止まっているところ！」（二歳児）

宝物

お母さん　　「シーちゃん、シーちゃんのたからもの持ってきてくださいって
　　　　　　お便りに書いてあるけど、何にしようか？」
しおりちゃん「私の宝物は…お父さんとお母さんとお兄ちゃんとお家の人！」
お母さん　　「え～、すごい！」
お父さん　　「泣かせるなぁ」（四歳児）

いいねぇ
お父さん　　「もうすぐ雪だぞ」
とおるくん　「雪が降ったら雪だるま作るんだ。
　　　　　　お父さんとお母さんとじいちゃんとばあちゃんと
　　　　　　じんちゃとばんちゃとー」
おとうさん　「おう、じんちゃとばんちゃも作るのか」
とおるくん　「そう、みんな笑った顔でね」（四歳児）

自分の家は父親の車がある場所で、各家庭は子どもを宝として中心に据え、年代の違う人たちが笑顔で暮らす場所という、子どもたちの家族の定義のようなものが受け

取れます。家族は一人ではなく子どもたちをそれぞれに愛してくれる人たちがいて、家庭は安心と愛情の核であるということを感じている子どもたちの様子が伺われます。

次に、その家族の一人ひとりに対する子どもの思いを味わってみたいと思います。

《お母さん》

大きくなったら

ともやくん　「大きくなったら、お父さんになるよ」

おさむくん　「ぼくは、お母さんになるよ。だって、おかあさん大好きだもん」

まさとくん　「ぼく大きくなったら、お母さんと結婚するんだ。

お母さん待ってるんだって！」（三歳児）

いいにおい

先生　「あこちゃん、いいにおいがするねぇ」

あこちゃん　「なんのにおい？」

先生　「うん、ふんわり優しいにおいがするねぇ」

あこちゃん　「うん、お母さんのにおいだよ」（四歳児）

ありがとう

たいちくん　　　「お母さん好きな人～～！」

たつきくんとももかちゃん　　「は～い！」

たいちくん　「だって、ぼくを産んでくれたもん」（五歳児）

子どもは、無条件にお母さんが大好きです。身二つに分かれた存在なのですから、母親にとっては自分そのものでもあり、子どもにとっては命を繋ぐ存在です。しかしそれだけではなく、子どもは十月十日を母の胎内で過ごし、母親は子どもが誕生する前から確かな母親になっています。疑いようのない信頼関係が既に築かれていたところから、生まれて後の親子関係に繋がります。子どもたちがいうように、お母さんとは、いつも一緒に居たくて、一番大好きで、将来結婚したいと思うほど大好きな存在なのでしょう。

さて、どのくらいお母さんが好きなのか測れるものではありませんが、子どもたちの命の源である食から見てみたいと思います。幼稚園での、月に一度のお母さん手作り愛情弁当持参日を通しての言葉からです。

愛情弁当日

こうへいくん　「愛情弁当のいい匂いで、カバンの中が満杯だ」（四歳児）

愛情弁当の日のバス

ともきくん　「静かに走って！スピード出さないで！
静かに走ってってば！」

バスのおばちゃん　「どうして？」

ともきくん　「お母さんが作ってくれたお弁当、
静かに持っていかないとこぼれるもん」（四歳児）

ママがね

めいちゃん　「愛情弁当の時はね、ママね、ワクワクしてお弁当作ってるの。
フルーツ入れたりして！うふふ…」（五歳児）

愛情弁当

ねねちゃん　「ママのお弁当食べると、心があったかくなるの！」（五歳児）

お弁当

だいちくん　「なんか、お母さんに会いっちぐなっちゃったな」（三歳児）

愛情弁当

りくん　「あ〜ぁ、うまくってうまくって、びっくりする〜。
どうしてこんなにうまいのかなぁ」（五歳児）

入園したてのころ、それまで元気に遊んでいたかと思う子どもが、食事の時間になると涙をこぼす姿が結構毎年見られます。食べることは嬉しいことではないのかと最初は戸惑いましたが、実は食べるということは「お母さん」や「家庭」そのものでもあることに気づかされました。つまり、食べるという行為は大好きなお母さんや温かい家庭を思い出させるということ、幸せな子どもであるということです。ですから、愛情弁当の日には、母親に寄せる愛情と幸せな言葉がたくさん生まれるのです。

母乳に始まり、子どもの命と直結する日常の食事を作ってくれるお母さんへの思いは愛情にも直結しているのですが、そんなお母さんも優しいだけではない顔も時に見せます。

鬼の面を持って帰る日

Aくん　「うちのママにかぶせようっと！
だって、いつも怒ってばっかりいるんだもん」（四歳児）

いいなぁ

さとしくん　「アメンボはいいなぁ。びっちゃんこ遊びが出来て。
ぼくのお母さんは、駄目だっていうんだけどなぁ」（四歳児）

俳句を作ろう

おにいちゃん　「おれ、俳句作んだ！五、七、五だよね」
～お兄ちゃんのいろいろを聞いて～
ゆうきくん　「おかあさん、電話の時だけ、きれい声」
「『はい、星です』ってやさしい声で出た後すぐ、
『ゆうき、うるさいよ』ってこわい声で怒んべした」（五歳児）

子どもたちはだんだんに自立し、お母さんべったりからやや客観的に見る目も育ち、母子分離が次第に始まっていきます。水たまりやどろんこで遊びたくても母親の

都合で規制がかかったり、注意されたり叱られたりすることも多くなっていきます。その不満も、子どもたちはユーモアを加えて反撃しているようにも見えます。そして、「おかあさん、電話の時だけ、きれい声」などとリズムをとらえて表現もできるようになってくるのです。

きれいな雪

ゆきなちゃん　「先生、白いのがキラキラしてきれいだねぇ」
先生　「ほんと、きれいね」
りょうくん　「あのね、ぼくのお母さん『ゆきえ』っていうんだよ」
ゆきなちゃん　「そうなの！」（四歳児）

ちがう！

ごうくん　「あの人、あきひろ君のお母さんに似てる！」
あきひろくん　「オレのお母さんじゃねえ。
オレのお母さんもっと美人だぞ！
ごう君のお母さんより美人なんだ！」（四歳児）

私のお母さんは…

先生　「あれ、かなえちゃんのお母さんじゃない？」
かねちゃん　「ううん、私のお母さんは一人だけだもの」　（四歳児）

ずっと…

りくくん　「オレ、一生死なないから、ママも一生死なないでね…」
おかあさん　「はいわかりました！（ちょっと切なく）」　（四歳児）

きれいな白いキラキラの雪から「ゆきえ」というお母さんの名前に結びつける誇り、お母さんに似ていてもそれはお母さんではなく、似ていても自分のお母さんはもっと美人であり一人しかいないとの断言、母親への思いが痛いほどに伝わってきます。そして、ずーっとお母さんを待ち、一生死なないでと願う言葉には切なくなってしまいます。　また、

がんばってる！

まさきくん　「先生、ママは？」
先生　「ママはお仕事だよ！」
まさきくん　「お仕事？がんばってる？」

先生　　　　「うん、ママ頑張ってるよ」
まさきくん　「よいしょ、よいしょって頑張ってる？」
先生　　　　「うん、ママも頑張ってるから、マー君も泣かないで頑張ろうね！」
まさきくん　「はい！」（二歳児）

ママががんばっているから自分も泣かずに頑張るという健気な二歳児の思い、言葉が繋ぐ母子関係に信頼と深い愛が見えてきます。

様々な角度から母子関係の深さが見えるのです。

《お父さん》

溺れるほどの愛情が見える母親との関係とはまた違い、お父さんとの関係には少しクールな表現がなされています。しかし、この客観的で冷静なお父さんの存在が、お母さんとの対を成して子どもにとって大切なのだと思わされます。

お仕事
先生　「今日は、みんなに大切なお仕事をしてもらいますよ」
みんな　「おしごとってなに？」

しょうへいくん「うちのお父さん、お仕事してるよ。
？・？・なんのお仕事だっけかなぁ？・」（三歳児）

空き缶ビール

りんくん「はい、プレゼント！」
先生「あ、ありがとう」
りんくん「父ちゃんが飲んだビールだよ。
ごくごくって飲んだんだから」（三歳児）

寒いもんね

えりかちゃん「うちのお父さん寝たふりしてるんだよ。だって、
朝起きたくないからなの」（三歳児）

透明人間のお父さん

りかちゃん「だいちゃんのお父さんいつもいないね」
だいちゃん「おしごと！」
りかちゃん「朝も夜もずっといないね」

だいちゃん　「しょうがないでしょ。お仕事だから」
りかちゃん　「でも、夜ねててもいないね」
だいちゃん　「ごはん食べるけど、しょうがないの。透明人間だから…」（四歳児）
おたがいにねぇ
あすかちゃん　「うちのお父さん、八時ごろ帰ってくるんだよ」
さちえちゃん　「うちのお父さんは七時ごろだよ。おたがいに忙しいのね」
あすかちゃん　「ほんとにねぇ」（四歳児）
炊事や掃除や洗濯など日常目にする母親の行動は大変さがよく見えますが、外で働くことの多い父親の働きは子どもには見えません。見えるのは、ビールを飲んだり朝寝坊をしたり夜遅くに帰ってくる姿であり、透明人間にさえ見えてしまうこともあるのです。

ここは父親にとって損な部分かも知れません。しかし、次の子どもの言葉からも見えるように、真の父親の姿もきちんと子どもは見ているのです。誇らしく尊敬すべき存在であることは間違いありません。

お父さんみたいに

はるとくん　「あした、ぼく休むから」
先生　「どうして？」
はるとくん　「ぼく、消防団に行くから休むんだ！」（三歳児）

お父さん手作りのソリ

かいとくん　「先生、ぼくのそり乗ってみて！すっごくすべるよ！」
先生　「ほんとだぁ～、スピード出るねぇ」
さくらちゃん　「先生、私のものってみて！もっと早いよ～」
先生　「キャー、転びそう！」
ももちゃん　「お父さんが作ったから早いんだよ。キット！」
りおんくん　「うん、お父さんパワーだね！」（四歳児）

決まってんべした

教育長　「名前は？」
りゅうせいくん　「なまえは、りゅうせいだよ。こうじのこどもだよ」

教育長　「こうじってだれ?」

りゅうせいくん　「りゅうせいの親だべした」（五歳児）

お誕生会のインタビュー

たかやくん　「大きくなったら、何になりたいですか?」

けんすけくん　「ウルトラマン!」

しゅうへいくん　「おとうさん!」

りゅうとくん　「おとうさん!」（四歳児）

自分も幼稚園を休んで消防団に行くという思いは、はっぴを着て地域のために出かけて行くお父さんへの憧れでしょう。ソリを作ってくれるお父さん、「こうじの子どもだ」という誇り、大きくなったらお父さんになりたいという思いは尊敬でしょう。お父さんの存在はやはり大きいのです。

しかしまた、お父さんに対する様々な思いもあるようです。

大人

まさとくん　「あのね、この前道路でたばこ吸ってる人がいたの。
　　　　　　そしてね、ポーンとタバコを捨てたんだよ」
先生　　　　「まさとくんどう思った？」
まさとくん　「だめだよね」
先生　　　　「まさとくんも、大人になったら気をつけようね」
まさとくん　「ぼくは吸わないよ」
先生　　　　「いいことだね」
まさとくん　「お父さんにも言っているんだけどダメなんだ。
　　　　　　もう一回言ってみるね」
先生　　　　「がんばってね」（五歳児）

お父さんの夢

みさきちゃん　「昨日、お父さんと魚釣りに行ってきたの」
先生　　　　　「お父さん、魚釣りが好きなんだね」
みさきちゃん　「うん、それが夢だったんだって！」（五歳児）

元気マークのお父さん

なえちゃん

「私のお父さんね、いつも元気だよ。でもね、
時々起きない時あるよ。
それはね、モモとリンゴを作っているからね。
夏と秋は、一番疲れるんだって！
だから寝坊するんだよ」（五歳児）

お花見

ともみちゃん

「私、お父さんとお花見に行ってきたの。
いっぱい咲いていなくても、
お父さんと嬉しいお花見だったの」（五歳児）

少しお父さんに直してほしいところもあり、お父さんの夢も知り、働き者のお父さんを思いやるという様々な思いが言葉になります。また、たとえ花が咲いていない花見でも「お父さんと嬉しい花見だった」という言葉に喜びと嬉しさが伝わってきます。お母さんと子どもとの関係のように華やかではないかもしれませんが、お父さんとの静かな関係は豊かな人間関係の基礎となっているのでしょう。

《祖父母》

祖父母と子どもたちの関係は、人生の始まりと終わりが結ばれていて、円を成しているかのようです。年齢に大きな差がありながら、どこか共通点があるようにも思えます。父と母とだけの関係では醸し出すことのできない、上質な人間関係が加わるのです。それは、ある意味の無責任さがポイントなのかもしれません。

ばあちゃんの顔

ゆうきくん　「今度なに書こうかなぁ～」
ばあちゃん　「うんじゃ、ばあちゃんの顔でもかいてくろ！」
ゆうきくん　「ばあちゃんの顔は、鼻の横とかに
　線（しわ）がいっぱいあってむずかしいんだよなぁ」
ばあちゃん　「んじゃ、こうやってっから（笑わずしわを伸ばして）」
ゆうきくん　「んでもなぁ、
　オレはその笑った顔が好きなんだよなぁ」（五歳児）

結婚するの

まゆちゃん「あのね、まゆね、じいちゃんと結婚するの」
先生「あら、じいちゃん好き？」
まゆちゃん「うん、まゆはピンクのドレス着て、
じいちゃんが黒いお洋服着るんだよ」
先生「いいねぇ」
まゆちゃん「じゃぁ、先生も来てね。よんであげるよ」（三歳児）

しあわせ

ゆうちゃん「ばあちゃんは幸せだね」
ばあちゃん「なんで？」
ゆうちゃん「だって、いつも笑ってるでしょ。笑うと幸せになるんだよ。
ゆうも、ばあちゃんみたいな
幸せなお年寄りになりたいな」（四歳児）

子どもたちにとって祖父母の存在は、陽だまりのような温かさです。そして、祖父母のような人生を送りたいというモデル的な存在でもあります。そしてまた、それが

祖父母の重要な役目でもあります。

祖父母参観日

先生　　　「今日来てくれたおばあちゃんは、
　　　　　お父さんちのおばあちゃん？　お母さんちのおばあちゃん？」

ともこちゃん「ううん、おじいちゃんちのおばあちゃん！」（三歳児）

どうしてかなぁ？

なおくん　「あのね、なおのおじいちゃんは二人いるんだよ。
　　　　　それから、おばあちゃんも二人いるんだよ」

みおちゃん「すごいね」

なおくん　「でもね、お父さんとお母さんは一人なんだよ」

みおちゃん「ふ〜ん」（三歳児）

両親は二人、その二人の両親は四人、三歳児にとってはなかなか難しい計算のようですが、嬉しさは倍増です。

おじいちゃん

さわちゃん　「うちのおじいちゃん、いっぱい年とったんだ」
さやなちゃん　「うちのおじいちゃんは、いっぱい遊んでくれたよ。
でも死んじゃって、遠いお空に行ったの。
そして、地球を見てるの」（三歳児）

おばあちゃんに抱っこして

ばあちゃん　「ゆうきだけだなぁ、ばあちゃんに抱っこすんのは。
お兄ちゃんだちは大きくなったから…」
ゆうきくん　「うん、そうだよ」
ばあちゃん　「今度、こうやって写真撮ってもらうべな」
ゆうきくん　「うん、そしてばあちゃんが死んだら
思い出して写真見んの？」（四歳児）

うさぎさんと

さきちゃん　「うさぎさん死んじゃったの？」

先生　「そうなの…死んじゃったんだ…」

さきちゃん　「死んじゃうってことは、心臓止まったってことでしょ」

先生　「うん、そうだね」

さきちゃん　「うちのばあちゃんも心臓止まって死んじゃったの。

そして、天国に行ったの」

先生　「そうなんだ…」

さきちゃん　「うさぎさん、きっとばあちゃんとあえたから大丈夫だよ」

先生　「そうだね」

さきちゃん　「あのね、うさぎさんとばあちゃん、

あそこに（空を指差して）いるから寂しくないよ！」（五歳児）

人間にはやがて死が訪れることを、子どもたちは祖父母や曽祖父母から現実として知るのでしょう。しかしまた、年を取るまで生きることや人生を豊かに営むこともお年寄りから学ぶのです。

今ごろは…

ゆかちゃん

「うちのおじいちゃん、雪降ると

『たいくつだー』って言ってお茶飲んでんだよ。

今日はみんなでお茶飲みしてんなぁ。きっと」（四歳児）

雨の日に

ななこちゃん

「雨降ってるねぇ〜」

そらちゃん

「は〜、やんだオラ〜。まったぐ〜！

…いつもばあちゃんがいうんだよ」（四歳児）

雪に閉ざされる会津の冬の情景が、子どもたちの「雪が降るとお茶を飲んでいる」という子どもたちの話から伺われます。また、雨の日の「やんだオラ〜」の口癖からは、畑仕事のできない祖母の嘆きや足元の悪さを憂える表情などが伺われます。

雨や雪などの湿った日には、祖父母の話が多くなるような気がします。

雪のペンキ屋さんの歌を歌ったら

たつやくん　「先生だめだよ。雪の歌をうたったから、
　　　　　　　また雪が降ってきちゃったじゃない」
まことちゃん　「おばあちゃんたち、お迎えの時大変だよ」（四歳児）

この子どもの言葉が、湿った日に祖父母を余計に思い出させる理由であり、愛情だけでなくどこかに弱さを感じ取っている思いやりの気持ちなのだろうと思います。

怒ると…

ばあちゃん　「ちょっと静かにしなさい！」
さとるくん　「なんでばあちゃんおこってんの？」
ばあちゃん　「おごんねでいらんにー」
さとるくん　「あんまりおごっと、血圧あがっからー」（四歳児）

もの忘れ

さとるくん　「ばあちゃん、何探してんの？」
ばあちゃん　「最近もの忘れ多くなってなぁ～」

さとるくん　「ばあちゃん年だから、たまにはそういうこともあるわな」
ふたり　「ふふふ」（五歳児）
子どもたちと祖父母の会話はどこかユーモラスで、そしてとても温かいのです。

ザリガニ
はるかちゃん　「幼稚園のザリガニ、逃がしてあげた方がいいと思うよ。
ザリガニのおじいちゃんとおばあちゃんが
会いたがっているよ」（五歳児）

名人の…
こうたくん　「うちのばあちゃん、イナゴとりの名人だから、
ぼくはばあちゃんの弟子だ」（五歳児）

お茶のみ
ゆうきくん　「最後の一枚（せんべい）、オレ食べんだ！」
じいちゃん　「じいちゃんも食べたいなぁ」
ゆうきくん　「んじゃ、じいちゃんにあげる！オレは袋に残った粉なめっから」

じいちゃん　「いいぞ。ゆうき食べろ！」
ゆうきくん　「おれは、その粉がすきなんだから　いいの！」
じいちゃん　「うるうる…」（五歳児）

祖父母参観日

りゅうとくん　「先生、今日はぼくだけのばあちゃんだったよ」（五歳児）

言葉が温かいということは、お年寄りに対する子どもたちの心が温かいということです。お年寄りは、人生の真ん中を一生懸命に生き抜き、ゆっくりと穏やかに子どもたちに関わる余裕を得ているのです。そんな豊かな人生経験をもって、いま子どもたちの言葉と心を育んでいるのです。子どもたちに豊かに流れていく、そんな道筋が見えるようです。

草むしり

先生　「夏休みの間に草がいっぱいになったね」
よしたかくん　「草刈り機もって刈んなんね。じんちゃ呼んでくっか」（三歳児）

むかし人

ようたくん　「ぼくのおばあちゃん、昔びとだから着物着せんの上手なんだよ。お祭りの時、ぼくもお母さんも着せてもらうんだよ」（五歳児）

草刈りが上手で、お母さんにまで着物を着せてくれる、そんな祖父母への尊敬の念がにじみ出ています。

カブトムシの幼虫とり

先生　「疲れたでしょう」

りょうすけくん　「くたびっちゃ！」（五歳児）

三文のとく

ひろみちゃん　「今日の朝、三文のとくしたの」

先生　「どうして？」

ひろみちゃん　「だって、二つもアイス食べられたの。うふふ」（五歳児）

サツマイモ掘り
あさみちゃん　「手で引っ張るんじゃなくて、心で引っ張るんだよ」（五歳児）
ここに祖父母の名は見られませんが、これらの言葉が生まれる背景には祖父母の存在があるのだろうと伺われます。「くたびっちゃ」という方言の表現、「三文の徳」ということわざ、「手で引っ張るのではなく心で引っ張る」という真理、おそらく祖父母が導いたのだろうと思われます。

《曾祖父母》
曽祖父母は、祖父母を越えてユーモラスな子どもとの関係を生み出しています。

デイサービスセンター
よしたかくん　「あそこって、ひーばあちゃんの幼稚園?」（三歳児）

缶ジュース飲みたいんだけれど、開けられない
ゆうきくん　「としょばんちゃ、開けて!」
としょばんちゃ　「開けらんになぁ」

ゆうきくん　「おとなすぎてんのに、開けらんにの？」
としょばんちゃ「なんで？おとなすぎてんだべ？」
ゆうきくん　「おとなすぎて、年寄りだべした！」（四歳児）

おとこ？おんな？
かがりちゃん　「としょばぁちゃんは、おとこ？おんな？」
としょばあちゃん（八十五歳）「おんな！」
かがりちゃん　「ふ～ん、じゃ、どんな赤ちゃん生まれてくるんだろうね。
　たのしみだね」
としょばあちゃん「赤ちゃんなんの、生まんにぇ！」
かがりちゃん　「としょばあちゃん、おとこ？」（四歳児）

なまり
よしひこくん　「みなさ～ん、聞いてくださ～い。
　ぼくん家のおばんちゃ（曾祖母）は、電話に出っ時、
もすもすってなまってんだぞ。おもしぇべぇ」（四歳児）

魔法使い？

たくみくん　　「あのな、ぼくのばあちゃんは、あと一回誕生日来るとナ、百歳だよ」
ゆめかちゃん　「じゃぁ、九十九歳？」
なっちゃん　　「すご～い！」
たくみくん　　「んだべ！魔法使いみたいだべ！」　五歳児）

家庭の中が四世代で構成されているということは、人間関係の幅が広がります。家庭という集団の中で豊かな人間関係に触れることができるのですから、感情も四世代分の育ちとなるでしょう。

《兄弟姉妹》

最近は兄弟姉妹が少なく一人っ子も多いようですが、父母や祖父母、曾祖父母と言った大人のかかわりとはまた違った家族が兄弟です。共通点は子どもで、お互い本音でかかわり共に育ち、育ちあうということです。友達とはまた違う子ども同士なのです。

赤ちゃんが…

先生　　　「キーちゃんは、妹とか弟とかほしいの？」

きほちゃん「うん、めんどうみてあげるの」

先生　　　「そうかぁ、じゃぁ赤ちゃんできるといいね」

きほちゃん「今ね、ママが赤ちゃん作って、

　　　　　おなかの中に入れてるの」（三歳児）

赤ちゃん

いくやくん「お母さんね、おなかおっきいから、

　　　　　おっき～～い赤ちゃん生まれるんだよ」（三歳児）

弟や妹の誕生は自分に最も身近な人間が生誕するということで、お母さんのおなかと同様に子どもたちの期待は膨らんでいくのでしょう。

兄弟

りくん　「おにいちゃんかぜひいて、ぼくもかぜひいたの」
先生　「はやくなおそうね」
りくん　「お兄ちゃんハナでて、ぼくもハナでたの」
先生　「風邪ひいたからだね」
りくん　「おにいちゃんせきして、ぼくもせきしたの」
先生　「二人で同じかぜひいちゃったのかな？」
りくん　「おにいちゃんとぼく、兄弟なの」
先生　「ほんとだね！」（三歳児）

双子

さやかちゃん　「ゆうとくんとけんとくんて、いつもおんなじ洋服着てるね」
かなちゃん　「顔もおんなじなんだよ。おかしいねー」
さやかちゃん　「おんなじお母さんなんだからいいんだよ！」（三歳児）

どっちが好き？

さとみちゃん　「おかあさん！えりかちゃんは、お父さんとお母さんどっちが好きなのかな？」
お母さん　「さとみは？」
さとみちゃん　「ん～、ん～、ゆうだい（弟）！」
お母さん　「どうして？」
さとみちゃん　「だって、けんかできるもん！」（四歳児）

ぼくは、むろいりょうだ！

りょうくん　「お母さん、今日ね、幼稚園の外で遊んでいたら、お兄ちゃんたち三年生にあったんだよ。ぼくね、おにいちゃ～んって手を振ったの。そしたら、お兄ちゃんの先生がぼくのこと見て、『あ、つばさくんのコピーだ』っていったの」（五歳児）

お兄ちゃんが風邪を引けば弟も風邪を引き、双子は同じ顔をして、けんかできる弟は大好きで、それもこれも兄弟姉妹だからです。また、お兄ちゃんのコピーだと言われるように、兄弟はとても似ています。家族とのそれぞれのかかわりを子どもたちの言葉から味わってみますと、家族のそれぞれの役割と影響が見えてきます。子どもたちが各家庭でどのように育って行くのか、それぞれがどのようにかかわっていくのか、その大切なものが見えてきます。

家族は、子どもたちにとって最も基本となる社会です。この基盤があるからこそ外に踏み出しても行けるのです。

―異性―

最近では特に、親や周りの大人たちが「あなたは男の子、あなたは女の子」などと、取り立てて子どもたちに教えることはありません。ではどうして、子どもたちは性の違いを理解し、どのように異性を感じていくのでしょう。

りゅうとくんのほっぺをさわって

先生　「どうしたの？」

ももみちゃん　「だって、だいすきなんだもん！」（二歳児）

おとこ?おんな?

たくみくん　「おさむくん、おとこ?おんな?」
おさむくん　「男の子だよ」
たくみくん　「ぼくとおんなじだ」
たくみくん　「みゅうちゃんのお父さん男の子?女の子?」
みゅうちゃん　「男の子だよ」
たくみくん　「ぼくのお父さんとおんなじだ」
たくみくん　「みゅうちゃんのお母さん、男の子?女の子?」
みゅうちゃん　「女の子だよ」
たくみくん　「おんなじだ。ぼくのお母さんも女の子だよ」
たくみくん　「みゅうちゃんの赤ちゃん、男の子?女の子?」
みゅうちゃん　「女の子!」
たくみくん　「ここはおんなじくないなぁ」（三歳児）

二歳児は、多少男女の理解ができているのかもしれません。三歳児の会話からは、一応わかってはいるものの仲間分けをして男女の違いを確認しているように伺われます。

次に「結婚」についての会話をまとめてみます。

結婚すっぺ
たいがくん　「オレと結婚すっぺ！」
しおねちゃん　「わたしも、たいがくんと結婚する！」
たいがくん　「バナナくれっからな！」（三歳児）

結婚
たいがくん　「せんせ、結婚って、ドキドキするんだよね」
ちづるちゃん　「ドキドキする人と結婚するんでしょ！」（四歳児）

結婚は…
たくみくん　「ちはるちゃん、かんじくん好きなの？」
ちはるちゃん　「うん！かんじさま～、わたしをおよめにして～」
かんじくん　「大きくなんねとわかんね」
けんしろうくん　「えっ、結婚する人は若松とか福島で見つけた方がいいんだよ！」
先生　「なんで？」
けんしろうくん　「だって、オレのお父さん、お母さんどこ

若松で見つけたもん！」（五歳児）

デート

まちちゃん

「家のお父さんとお母さん、結婚する前いっぱい
デートしたんだって。でも結婚したら、
どこにもお母さんを連れて行ってくれないんだって。
だけど、私たちは連れて行ってくれるよ。
いろんなところに行って、いっぱい買ってくれるの」

ゆりこちゃん

「私のお父さんとお母さんもデートしたんだって。
だって、一回デートしないといい人か悪い人かわかんないでしょ。
それで、お父さんがいい人ってわかって
結婚したんだよ」（五歳児）

三歳児になると、「結婚」という言葉が頻繁に出てきます。しかし、相手が父親や母親であることが多く、この「結婚」という言葉の意味は「大好き」に近いと思います。そして、四歳児ともなると同年代の子どもに関心が向き初恋体験がこの辺りで生まれるように思います。五歳児ともなると、なかなか現実的な見方をするようになっ

ていきます。異性への関心が高くなり、父親と母親の結婚するに至った過程などを聞きたがるのでしょう。

ただ、子どもの結婚という言葉は「好き」という意味であり、見本は仲の良いお父さんお母さんなのだろうと思います。だから、「好き」＝「結婚」であり、家族からの大好きは友達関係にも広がっていくのでしょう。

次は、相手に好意を持つという感情の表現です。

言ってダメ！

やまとくん　「先生、どうしてしょうくんは、
　　　　　　しおねちゃん、しおねちゃんっていうの？」

先生　「しおねちゃんがかわいいんだって！」

やまとくん　「言ってダメだよ！」

先生　「どうして？」

やまとくん　「……」

先生　「やまとくんも、しおねちゃん好きなの？」

やまとくん　「うん」（三歳児）

モテモテ

ゆいかちゃん　「じゅんぺいくん、手をつなご！」
じゅんぺいくん「うん、いいよ！」
ゆきなちゃん　「ダメ！あたしとつなぐんだよね」
じゅんぺいくん「うん、だけど、引っ張りっこすると
　　　　　　　おれの手もげっちまうから。ラブラブでな」（三歳児）

ナイショにしてね

あみちゃん　「先生、わたし、たいが君好きなの。顔が素敵なんだもん。
　　　　　　ちょっと恥ずかしいなぁ。ナイショにしてね」（四歳児）

今日は…

みほちゃん　「今日はとってもいい日だと思う。
　　　　　　だって、ゆうへいくんに
　　　　　　好きだっていわれたんだもん」（五歳児）

チュッ

しんたろうくん「あぁ、今日もチュッされそうだったぁ」

ゆかりちゃん「うふふ…」

しんたろうくん「もー、愛の告白かぁ〜」（五歳児）

特定の異性に関心を持ち好きだという感情が生まれるのは、幼児期も大人もさほど変わりはないように思われます。どうしてもその人が気になったり、傍にいたかったり、好きと言ってもらって嬉しかったり、好意を持つという子どもの素直な言葉は聞く側も暖かくなります。

呟き込んだからなのに

めぐろくん「ひろくん、こっちむいて！　顔、赤いぞ！照れてんのかな、今はるなちゃんを見てたからな！」（四歳児）

やきもち？

ひろくん「ぼく、Aちゃんと結婚することに決めたよ」

先生「あれ？Bちゃんじゃなかったの」

ひろくん　「うん。でも、Aちゃんにした」
先生　「どうして？」
ひろくん　「だってね、Bちゃん、
さとくんと手をつないでいるんだもん」（四歳児）

わたしだって

まぁちゃん　「わたし、りょうくん好きなんだけど、
りょうくんはわたしのこと好きじゃないんだって。
りょうくん、なっちゃんがすきなんだって。
わたしだって、かわいいのになぁ」（四歳児）

二匹のつながりとんぼ

がくくん　「へんなトンボだぁ～」
ゆうたくん　「あれは結婚してんだよ」
がくくん　「赤ちゃん生まれたら、三つになるの？」
ゆうたくん　「きまってんべなぁ」（四歳児）

子どもたちの「好きだ」という感情と共に、照れくささや嫉妬心なども生まれてきます。諦めや気持ちの切り替えなども潔く行ったりします。

子どもたちは、教えられることもなく男女の性別を理解し、まるで恋愛の練習場のような期間を結構早くから過ごしているようです。やがて本物の恋をしたり、叶わないことがあったり、いざ結婚へという場面で、この幼児期からの心の持ちようや切り替える力などが大きく必要になってくるのだと思います。

繋ぐもの、つながるもの

「伝承」も「家族」も、一つには「つながる」というキーワードに繋がります。そしてどちらも温度の高い温もりがあり、「愛情」という言葉に繋がります。

あたりまえのことでしょうが、人間は家庭という小集団の中で築かれるということがよくわかります。学校や社会の大集団の中で更に磨きをかけられるとしても、家族という小集団こそが命を育むものだとあらためて思わされます。そして、その小集団を次へと繋げていくためには、命の伝承が必然です。しかしそれもきちんとプログラミングされていると、「異性」に括られた中から感じられます。家族とは違う愛情や感情を、子どもの時期からちゃんと感じ取っているのです。

　私たちは教育を受ける機会に恵まれ、「読み書きそろばん」と言われるように生活の基礎を学び、豊かな人生のための芸術分野も均等に学ぶことができます。そこから細分化されて、更に学びたいことを学べる環境も整っています。しかし、「父親学」「母親学」という分野は、特別には存在していません。人類の命を繋ぐ大切な分野であり、大多数の人が父親母親になることを考えれば必須科目のような気がします。もちろん、「家庭」などという授業は組み込まれていますが、しかし「父親」「母親」と括った上での均一的な学問はありません。これは、何を意味しているのでしょうか。それは、一人ひとりの人間の育成を、それぞれの家庭それぞれの親に任せられているということです。人間は画一的に作り育てられるのではなく、それぞれの家庭が責任をもって育て、そして社会に送り出す役目を担っているということでしょう。

　この「家庭」という小集団の中で愛情をもって育まれ、育てられ、様々なことをその小集団の中で伝承されて、命は繋がっていくものだということを子どもたちの言葉を通して深く考えさせられるのです。

四章　子どもの言葉は「心の窓」

家を建てる時、台所や各部屋は当然としてつくられ、大抵はいくつかの窓も設けられます。もしかしたら窓は必ずしも必要ではなく、なくても住まうことはできるのかもしれません。しかし、窓は明り取りばかりではなく、その窓から見える景色や吹き込む風や漂う匂いなどによってその家に豊かさが醸し出されるのだろうと思います。また、窓の灯りや揺れるカーテンがその家の人の存在や温もりをうかがわせるなど、窓は何かが見える場所であり、一つのツールであるのかも知れません。

さて、人間にも窓はあるのでしょうか。あるとすれば、それは何処にありどんな景色を醸し出しているのでしょう。そんな首を傾げる私を、その景色の見える窓辺へと子どもたちが導いてくれました。そこには、子どもたちが自分という人間を築いていく土台作りの風景がまるで小人の国の営みのように広がっていました。人間の窓、子どもたちの言葉は人間の心の景色が見える窓だったのです。

その窓からゆったり眺めていると、小さな景色を集めて一つのまとまりを見せており、それが大きな二つの風景画のように見えてきます。

その一つが「自ら育つ心」の風景です。

それは、「科学や感性の芽」、「ファンタジー」や「意味付け」「かんちがい」などの中に見られるような主体的な育ちです。子どもたちは、時間の流れに伴う物理的な成長の中で細胞の増殖や分化を盛んに行いながら、自分を広げ、高め、内側から自分を突き動かし、新たな環境に自ら関わろうとするなど、内面を豊かに育くんでいます。

もう一つには、一人ひとりには数えきれないほどの人やものや大自然などのかかわりがあり、子どもたちを豊かに包み込んでいる自然や家族など「周りから育てられる心」の風景がありました。

この二つの心を縦糸と横糸として自らに編み込み、子どもたちは豊かな「大人」をつくっていくのでしょう。

このことを前述した「子どもの言葉の分類」から例を引きながら考えてみたいと思います。

「自ら育つ心」の風景

「自ら育つ心」の風景は、言葉の分類を試みた中で「疑問や感動の源」「豊に生きる力の源」「逞しく生きる力の源」から見てきた主体的な成長の姿です。

子どもたちは、驚いたり不思議に思ったり感動したり、興味や関心、好奇心や探究心にあふれています。また、夢をふくらませ意欲にあふれ、ユーモアや逞しさを持ち併せています。それがどの子も同じであるところを見れば、この「子どもの特徴的な心」は人類の歴史がＤＮＡに組み込んだ人間の仕組みであり、「本能」と言えるのかもしれません。そんな人間の根源的な風景が、次の四つの方向から見えてきます。

「大らかにものごとを捉える心」
「なぜを考える心」
「物語をつくる心」
「コミュニケーションを育む心」

まず最初に、「大らかにものごとを捉える心」の風景ですが、これは緻密にではなく大きな枠で物事を捉えるということ、つまり子どもたちはものごとを覚えたり考えたりする時に最初から細かく丁寧に整理整頓するという方法ではなく、大人には考えつかないようなまとまりを作って仕舞い込むのではないかと思える光景です。

先に林檎の例をあげ、「大学生は三十二等分ほどの薄い一かけらを食べ、中学生では八分の一、小学生では四分の一、そして幼児期には球体の丸々一個の林檎の宇宙を齧るというようなイメージ」と述べました。

分析的にものごとを見ることを獲得した大人に比べて、子どもは統合的に包括的にものごとを捉えるようです。

様々な感情や情景などを自分の中に取り込む時も、その仕分け方法は案外単純です。例えば、楽しい、嬉しい、悲しい、苦しいなどに関する思いと言葉は、わかりやすいように色を染めれば、暖色系と寒色系のように色分けして仕舞い込まれているように思います。

楽しい、嬉しいは暖色、悲しい、苦しいは寒色です。

血圧

ゆうとくん　「ばあちゃんは血圧高いの。ママは血圧安いんだよ」（三歳児）

この場合の高いを暖色と見た時、反対の寒色の言葉を探して一緒の引き出しの中にしまってあった低いに似ている安いを取り出してしまったのでしょう。

ここで、少し気持ちが立ち止まります。「高い」の反対が「安い」ではいけなかったのか、それにきちんと答えてあげられるのか、そういうものだからと考えようともしなくなった大人の自分にはっとするのです。

トイレのスリッパが…

みゆちゃん　「先生、大変！　スリッパがけんかしてるよ！」（二歳児）

子どもにとって、ケンカの反対は仲良しです。この場合、スリッパがきちんと揃えてあることが仲良しで、乱れていることがケンカです。つまり、仲良しは暖色で、ケンカは寒色に認知されているのでしょう。

切れないハサミ

りょうくん　「切れないハサミは、腐っているんだよな」（四歳児）

ハサミの役目からして、「切れる」が良いことで暖色に属しているならば、切れないことは良くないこと、良くないことが属している寒色の中から「腐っている」を取り出したということではないかと思います。

子どもたちの言葉が詩的で感性的でユーモアにあふれているのは、こうした大きな括りの中から直感で言葉を取り出して使っているからなのでしょう。つまり、幼児期は赤も黄色もオレンジも暖色のひとつの引出しに、青や水色や青紫などは寒色の引き出しにと大きな枠で認知し、穏やかに緩やかに暮らしているのです。やがて、年齢が進むにつれて学びも細分化され、次第に適切な言葉を使えるようになっていきます。それは、暖色系と寒色系の色使いから、白や黒や灰色などの無彩色や緑や黄緑や紫など、中性色などの色も使いこなせるようになっていくということなのでしょう。

間違ったり勘違いしたり、試したり再挑戦したりと、時間をかけて言葉を学びながら大人のような世界の枠組みを築いていくということです。

そんな多色使いをできるのが大人だとしたら、色数の少ない子どもの捉え方は未熟といえるのかもしれません。しかし、その未熟さが心地よさを感じさせるのはなぜなのでしょう。もしかしたら、大人はそんな大らかさに憧れ、忘れ物や失くしたものを探そうとしているからかも知れません。

現代社会は、様々な情報があふれ、見えすぎて見えなくなっているということはないでしょうか。細かく分けすぎて、全体の形を見失うというような状況が生み出されてはいないでしょうか。大人になると、分析的な見方考え方をあたりまえとし、様々な色を適切に使い、職業に就けばなおさら細分化された一片が拡大してそれがあたりまえとして定着します。しかし、そのあたりまえさはあたりまえなのでしょうか。もしかしたら、いつしか疲れや苛立ちは積み重なり、思いやりやいたわりや温かさが少し乾いてはいないかと案じられます。

もし、時代や時間を少し逆戻りさせて考えることが現代社会の課題にあるとしたら、私たちは今まで辿ってきた認識の過程を逆戻りさせて考えることが必要なのかもしれません。

その方法はと言えば、統合的に包括的に大らかに社会を営んでいる子どもに立ち返ることではないかと思います。生きていく上での小さな傷は「たいしたことはない」と言い、青も水色も群青色も「青の範疇」と大らかに括れば、自分にも人にも優しくなれるのではないかと思います。もし、多色を持たない子どもたちを未熟というなら、それは人間としての熾火のような温もりをもつ豊かな未熟です。

そんなことを思わせる、人間の初期の「大らかにものごとを捉える心」の風景です。

二つ目は「なぜを考える心」の風景です。
こんなに科学が発達した現代にも、「なぜ？」は溢れています。人類が四十数億年をもかけて知った数とまだ知り得ない数を比べたら、まだまだ知らない数の方が上回っているのかもしれません。そんな大人さえ疑問に満ちた世界で、子どもたちがたくさんの「なぜ？」を持たない筈はありません。

水道談義
こうだいくん　「あわが吸い込まれていく～」
まさとくん　「大水も吸い込まれてく～」
まさとくん　「あっ、発見！穴（蛇口に）があいてるぞォ。まあ～るいぞォ」
こうだいくん　「入口？　出口？　…水ってどこから来るんだろう」
まさとくん　「ここ（蛇口）から、ず～っとこうやって出てくるんだよ」
こうだいくん　「海から来るのかな？」
まさとくん　「ちがうよ。だって、海は遠いから無理だよ」
こうだいくん　「そうだ！　土の中、ず～っと通ってくるんだよ」（三歳児）
この子どもたちの「科学の芽」に見られる会話は、「なぜなんだろう？」の塊です。

ただ、大人にはこの水道の原理はわかります。それは、水道のある時代に生まれて完成形を知っているからです。しかし、水道ができる前には、水の入り口から出口までどうするか？どこをどのように通すか？を大人が真剣に考え、表から見える川ではなく「土の中を通す川を作れば…」などの仮説を立てて実現に向けたのではないでしょうか。

その仮説の初歩が、「意味づけ」の中の言葉に見られます。

それはね

先生　「りおくんのほっぺ、赤くてかわいいね」

りおくん　「だって、リンゴ食べたからだよ」（二歳児）

一緒にかうもの

けんとくん　「ヤギを飼うときは、紙もいっしょに買わなきゃだめだよ。

ヤギのえさは、紙なんだから」（三歳児）

これらは正解とは言えませんが、「なぜ？」に対して自らが導き出した回答です。不思議なことやわからないことに出会うと、人はその目には見えない理由が知りたくなります。そして考えます。そして、知ろう、解明しようとしますが、子どもたちはその疑問に対して自分なりに納得しようとしています。

これが、仮説的にものごとを説明する力 であり、科学的推論の根源と言われるものなのでしょう。

世の中には、本当にたくさんのわからないこと不思議なことがあります。人間以外の生き物はその不思議さに立ち向かった形跡はありませんが、人間は常に「なぜ？」に立ち向かってきました。そして、たくさんの不思議を解明し、科学は目ざましい発展を遂げてきたのです。

人間以外の生き物はそう変わることはなく、人間だけが進化し続けてきたのは、人間には「なぜを考える心」があったからでしょう。つまり、この「なぜ？」こそが人間が人間たる所以であり、その根本が幼児期にあるということです。

もう一度、「科学の芽」や「意味づけ」にある子どもの言葉を読み返してみます。

おり紙遊びから

「この飛行機は手で飛ばすんだよ。

力を出しても、全然エンジンが動かねえよ。

風をつくんねと駄目だなぁ」（五歳児）

この「風をつくると飛ぶ」という仮説が、やがて「風をつくって飛ばす」方法を生み出すのでしょう。また、

コーラの作り方

けんたくん　「コーラってどうやって作るかわかる？
　ぼく知ってるよ。塩としょうゆと水を入れて、
　フライパンで煮るんだよ」（五歳児）

この意味づけや仮説が正解とは言えませんが、そう考えたことや発想が新しいとてつもなく美味しい飲み物を作り出すかもしれないのです。子どもたちはたくさんの「なぜ？」を考え、大人になるまでにどれほどの実験や仮説の検証を試みているかしれません。小さいけれど、真理を目指す大きな科学者なのです。「なぜを考える心」を育てることは、人類そのものを育てるというほど大きなことなのかもしれません。

三つ目は、「物語をつくる心」の風景です。

子どもたちは日々、言葉や感情の源となるものを大枠で捉えたり科学実験や考察を試みたりと結構忙しく脳を働かせています。これらは人間社会に適応したり生活を豊

かにしていくための基礎として大切なことですが、もう一方ではゆとりと遊びをつくることも生きていく上で欠くことのできない重要なものです。不思議なことに、その準備も完璧と言えるほど幼児期に整えられているようです。
「ファンタジー」や「アニミズム」の中にも見られるように、子どもたちは現実にはない新しい世界を結構簡単に作ってしまいます。

れなちゃんちのネコ

れなちゃん　「れなのうちの黒い猫はね、れなが見てない時に、
　　　　　　ママとお話しするの。だからね、
　　　　　　れな、猫に見えないようにかくれて見ていたんだよ」
先生　　　　「何か聞こえた？」
れなちゃん　「うん。～あぁ、おなかすいた！～　だって！」（四歳児）

人間と猫が話すことができる筈もないことは、百も承知のことです。でも、ママとお話ししているという黒猫への興味は、押えることができません。しかも、猫に隠れてその様子を見ているという子どもの姿、さて何が見えるのか、何が聞こえるのか、その続きが知りたくてたまりません。なんとも、導入のうまいお話です。

もしこの後の出来事をもっと尋ねたなら、子どもはもっともっとお話をつなげ、楽しい物語ができるに違いありません。聞き手も楽しく、創造する子どももまた楽しくてたまらないでしょう。

大丈夫！
お母さん　「雨が降ってきたね」
りょうくん　「大丈夫だよ。帽子かぶっているから！
　　　帽子が雨を食べちゃうんだよ」（五歳児）

これもまた、現実には起こりえないたった三行の物語ですが、やがて困ったことに出会っても楽しさに変換できる力になるに違いないと、心強く思えてきます。

こうした物語はもちろんのこと、創作したストーリーにメロディを載せたり、心象風景を描いて加えるなど、子どもたちの表現は豊かです。

こうして自分でつくる物語は人間の創造力の根源であり、人生の遊びでもありながら、長い人生を生き抜く知恵ともなるのでしょう。もし、この「物語をつくる心」が人間に欠如していたら、寂しく寒々とした一生になってしまうかもしれません。

子どもたちは、これからの人生に立ち向かおうと、せっせと物語を紡いでいるのです。

四つ目は、「コミュニケーションを育む心」の風景です。

コミュニケーションとは、分かち合うこと、共有することの意味を持つラテン語のコムニカチオを語源に持つそうです。自分の考えや思いを伝えるばかりでなく、相手を受け入れて理解する、思いを共有する、ということでしょう。これは、群れて暮らす人間社会においてとても重要なことです。

人はそもそも一人では生きていけず、人と繋がろうとするコミュニケーション能力を本能的に携えているのではないかと思います。人類だけが築き上げることができた文化・文明は人と繋がろうとする心から生まれてきたと言っても過言ではありません。もし、一人ぼっちで人と関わることがなかったら、感じることも考えることも創造することも少しも楽しくはないし、他からの刺激の少ない脳はふやけるか乾くかして退化してしまいそうです。人と関わることは楽しいことだと、子どもたちの「コミュニケーションを育む心」の風景に微笑みます。

イモホリ
たくみくん　「このイモ、掘っても掘ってもでてこねーな」
ともきよくん　「このイモには、謎がかくれてんじゃねーの！」

しんやくん　「このイモは、世界中につながってんじゃないの！」
きょうきくん　「うわー！　まだつながってるぞ！」
しんやくん　「宇宙全体につながってんのかな」（五歳児）
もし、たった一人のイモ掘りだったら、このイモは世界から宇宙にまでつながったでしょうか。掘っても掘っても出てこない芋に苛立ってしまいそうです。しかし、「謎が隠れてんじゃねーの」の友達の一言は、出てこないという言わば「苦」を「楽しい」ものに一変させています。子どもたちを宇宙にまで導いたのは、イモばかりではなく数人の友達です。

はなし

さちちゃん　「家のお姉ちゃん、歯抜けたんだよ」
けいちゃん　「うちのおばあちゃん、歯なしだよ」（三歳児）

月齢

しゅりちゃん　「あたしの方が、年上なんだからね！」（四歳児）
「コミュニケーションを育む心」にはこんな名勝負も生まれています。

友達と同じ土俵の上に立ち、相手の言葉に自分の言葉を重ね競り上げて勝負し、結果様々なユーモアさえ生み出します。一人相撲では生まれない発想であり、他を意識し、他と関わろうとする勢いでもあるように思います。

大人には、こんなに活きのいい言葉のキャッチボールができるでしょうか。大人のかかわりは大切ながらも、子ども同士のかかわりにはなかなか敵いません。それは、日常の保育の現場でもよくよく感じることでした。保育者が丁寧に一生懸命取り組んでなかなかうまくいかないことも、子ども同士だとあっけなく運んでしまうのです。子どもは子ども同士の中で育って行くものだと、つくづく思わされたものでした。

また、子どもたちの会話は、会話として繋がっているようでも言葉の意味が繋がっているとは限りません。それでも、子ども同士には通ずる接続経路があるのか、見事に言葉が繋がっているのには感心します。子どもたちは会話そのものよりも、友達とのコミュニケーションを楽しんでいるのかもしれませんし、実は何も意識していない中で言葉も心も磨いているのかもしれません。

ところで、子ども時代のコミュニケーションは、こうして弾むほどに踊るほどに活発に図られているにもかかわらず、現代の若者がコミュニケーション能力に欠けると案じられるのはなぜなのでしょう。どこで失われてしまったのでしょう。

「コミュニケーションを育む心」の風景に色濃くみられるのは、人と関わることの喜びと楽しさです。やがて面倒なことや不快なことに出会っても、それに対応し乗り越えていく力を子どもは育んでいるのだと私には思えます。欠けると若者を案じる前に、欠けさせたことを案じなくてはならないのかも知れません。

コミュニケーションは、きっと生きることそのものです。子どもたちが活き活きと、しかも楽しそうに育んでいる「コミュニケーションを育む心」の風景を守り育てなければならないと、強く思います。

「大らかにものごとを捉える心」「なぜを考える心」「物語をつくる心」「コミュニケーションを育む心」の四つの景色に共通して見られるものは、大らかに豊かに逞しく楽しく自らを磨き育てていく人間の力強い姿です。人間の自ら育つ力がはっきりと見て取れます。アメリカの臨床心理学者カール・ロジャースのいう「ジャガイモの芽」です。ロジャースは、暗い地下室に置かれたジャガイモが小窓から差し込むわずかな光に向かって芽を伸ばしていく姿から「生命体はすべて、自らの可能性を実現していくように出来ている」と、人間の本質・本能を見ています。子どもたちはまさにジャガイモの芽、自ら育つ命の力強さです。これは、誰もがの人間の原風景です。

「周りから育てられる心」の風景

「自ら育つ心」を成長の縦糸として、「周りから育てられる心」はその横糸を成すかと思います。その横糸となる「育てられる」ものは、見えにくく種類も本数も解り難いのですが、敢えて一口で言えば環境でしょうか。環境は「家庭・社会・自然」に分けられることもあれば「人的環境」「物的環境」「自然環境」などと分けられたりしますが、それらを全部含めて子どもの心が育てられる環境であり、それが「周りから育てられる心」の風景です。能動と受動、育つと育てられるの網目模様が、それぞれの人間模様になるのだろうと思います。

子どもを育てるのが人間だけとは限らず、草や花、雨や風、虫や石ころであったりするということはこれまでの子どもたちの言葉から十分味わえたかと思います。

アメリカの作家であり海洋生物学者でもあったレイチェル・カーソンは、「センス・オブ・ワンダー」の著書の中に、五感を通しての自然との豊かなかかわりを謳っています。

「もしもわたしが、すべての子どもの成長を見守る善良な妖精に話しかける力を持っているとしたら、世界中の子どもに、生涯消えることのない『センス・オブ・ワンダー＝神秘さや不思議さに目を見張る感性』を授けてほしいと頼むでしょう」と言い、「この感性は、やがて大人になるとやってくる倦怠と幻滅、私たちが自然という力の源泉から遠ざかること、つまらない人工的なものに夢中になることなどに対する、変わらぬ解毒剤になるのです」とも言っています。

私は山裾の村に生まれ育ち、大自然を舞台に村中の子どもたちとたくさん遊びました。野山に分け入り、スカナ、シャグミ、クワゴ摘み、山菜採りや茸採りに栗拾い、クローバーや椿や柿の花の首飾りや髪飾り作り、レンゲソウ畑を走り回り、蝶やトンボを追いかけ、川で魚と一緒に泳ぎ、カジカを素手で捕まえたり、雪玉割りやカマクラつくり、雪合戦や堅雪渡り…、まだまだ数えたらきりがなく、自然の中でたっぷりと遊ぶことができました。

夏の終わり

りゅうたくん　「あ！セミの音かわったよ」（二歳児）

自然

さっちゃん「自然って、みどりだよね」
ちーちゃん「みどりの色、変わったよ」
さっちゃん「だって、夏から秋に変わったんだもの」（五歳児）

私も、きっとこんな風に感じていたのでしょう。振り返れば、遊びの中にあった自然、林や森や山や空、雨や風や太陽や月、すべてが友だちだったような気もするし、一緒に遊びながら私を育ててくれていたように思います。

自然は言葉を持ちませんが、持たないがゆえに一人ひとりが様々に交信でき、絵本や本を読むように、季節や気候や事象などの自然を読みながら人はきっと育っていくのです。自然は雄大な「子どもを包み込む環境」です。何気なくさりげなくあたりまえのように存在している大自然が、どれだけ人間を育てているか、どれだけ豊かに子どもを包み込んでくれているかをあらためて思います。

さて、言葉を持たない自然と対に、言葉を有する「人間」という環境があります。

草や花は芽を出し、育ち、咲いて、枯れて、また次の年に芽吹きます。これらの生物も命をつなぐために、その世代に学んだことを何らかの方法で伝えているのかもしれませんが、人間は「伝承」や「家族」や「異性」の中の子どもたちの言葉に見られるように、愛情が命を繋げていくという思いを強く抱きます。

まず家族という単位を核に、お年寄りは長く生きた分の知恵を伝え、父母は責任という思いを背負いながら生き方の方向を導き、兄弟姉妹は無邪気な中に確かな信頼を築いてくれます。そして家庭から一歩踏み出せば、友達や保育者や周りの大人たちは社会という環境を構成して、少しずつ踏み出していく勇気と楽しさを編み込んでくれます。

この人的な環境は、子どもからすれば「育てられる」環境であり、大人からすれば「育てる」環境ですから、ここは大人の意識が重要です。

例えば、お母さん。身二つとはよく言ったもので、それまで自分自身でしかなかった女性が母という文字のもとに身を分けるのです。ある意味、子どもはもう一人の自分と言えるかもしれません。そんな愛しい存在でありながらも、子育てはなかなかに重労働です。たくさんの喜びや嬉しさを感じながらも、時に怒り、時に泣き、自分が失われてしまうような思いに襲われたり、すべてを投げ出したくなる時もあるかもしれません。子どもに縛られた時間から半分でも解放されたくて、また社会とつながる窓口を求めてスマホを片手に授乳をしたくなることだってあるかもしれません。でも、赤ちゃんは生きる糧を求めるばかりでなく母親のまなざしや微笑みこそ求め、たとえ理解できなくてもたくさんの言葉かけを待っているということを心に留めなければならないかと思います。

また、さまざまな大人たちの言葉のシャワーを浴び、子どもたちは「言葉」というコミュニケーションツールを身に付けていきます。言葉という手段を身に付けはじめると、子どもたちは使いたくて試したくて仕方がありません。そうすると、大人にとってては結構うるさくて面倒くさくて大変です。でも、真剣に人間になろうとしている子どもたちに付き合ってほしいと願います。

手も掛かれば面倒なことも多いこの時期は、実は子育ての旬ともいえる時期です。たっぷり抱っこが出来てたくさん手を掛けることができる、最もおいしいほんの短い季節なのです。家族の中で育まれた愛情をもって子どもたちは人と関わり、やがてまた自分が家族を築く土台とするのです。家族は、子どもたちの最大のモデルであり最高の人的環境というわけです。

次に、子どもたちにとって家族に次ぐ重要な役となるのは保育者です。慈しみと共に、客観的な眼をもって環境を注いでいく務めがあります。

私たちの園では「郷土教育」に力を入れ、地域ならではの体験活動をたくさん取り入れていました。年中行事は形に終わらせることなく、七夕ならば竹取りから、端午の節句には菖蒲湯のための菖蒲採りから行い、家庭にはいわれや伝説などを語ってもらうよう手配もしました。また、季節ごとの楽しみ、カブトムシの幼虫さがし、ザリガニ釣り、イナゴ取り、干し柿つくり、手作りソリ乗りなどの体験をたくさん盛り込みました。おが屑の山を夢中で掘ってカブトムシの幼虫を探したり、ぴょんぴょん跳ねるイナゴを捕え、茹でて赤くなったギザギザのフンバリをもいでつくだ煮となったイナゴを食べるなど、これらの実体験が子どもたちの心を大きく揺さぶらない筈はありません。

それらの一つ一つの体験は、更なる広がりの体験を生みました。菖蒲を届けた先のお年寄りは子どもたちに笑顔と涙を見せ、菖蒲湯は家庭に温かな物語を生みました。カブトムシの幼虫を届けられた中学生は無邪気に喜び、ザリガニの釣竿や手作りそりを作るお父さんは目を輝かせた少年のようでした。そして、子どもたちの尊敬のまなざしを集めたことはいうまでもありません。そうした、家族や地域の人たちの喜ぶ姿は、子どもたちの嬉しさとやる気を倍増させていきました。

これらは是非とも横糸に編み込んで欲しいと、私たち保育者が意図した環境の設定です。

幼児の保育は、分化が始まる学校教育とは違い球体の総合的な教育です。球体ゆえにどこから齧ってても美味しいのですが、何処をどう齧るかに迷い、総合的ゆえに抽象的でもあるのです。

学生時代に、「私たちが大学で教えるのは一番楽で、次に高校、中学、小学校、幼児に向かい合う皆さんが一番大変なのですよ」と話された先生の言葉が耳に残っています。つまり、深くはどの教員も同じですが、保育者は幅の広さも加えた専門家としての力量が問われるということなのでしょう。

幼児教育はすべての基礎となるものです。保育者は専門家としての誇りを高く持ち、等しく人間としての敬意をもって子どもたちに向かわなければなりません。保育者は、子どもたちがはじめて社会に踏み出して出会う、最初の家族以外の重要な「人的環境」なのです。

大人は子どもはいつの間にか育つものだと、子どもの自らの育ちに漠然とながらも気づいています。そして同時に、子どもを育てなければならないという責任を強く感じています。保育者もまた同様です。責任感というものは、得てして力が入りすぎやすく、幼いゆえ、愛情ゆえと押し気味の環境を注いでしまいがちです。しかし、今回子どもたちが語ってくれたことはどうだったでしょう。

「私たちは、大まかにものごとを捉え、たくさんのなぜを考え、物語をつくりながら、様々な人とのコミュニケーションを育み、楽しく自分を育てていますよ」という、逞しく力強い言葉だったのではないでしょうか。また、「自然や周りの様々なことやものが、私たちを包んで育ててくれていますよ」という、感謝と愛情に満ちた言葉だったのではないでしょうか。このような子どもの風景を覗いて見ますと、「子どもたちをもっと信じてもいいのかな」という思いにさせられます。そして、子どもを包み込む環境について、もう一度ゆっくり考えなくてはという思いにもさせられます。

子どもたちの心に編み込み編み込まれていく模様は、百人百様です。その模様が豊かであることを祈らずにはおれません。そして、子どもの続きを生きている大人もまた、楽しく育ち続けなければならないと感じます。

旅のおわりに

「あなたは何でできていますか?」と問われたら、人は何と答えるのでしょう。もしかしたら、血や肉や骨、内臓、または細胞という人がいるかもしれません。ちなみに、大人の細胞の数は、おおよそ六〇兆個ほど在るそうで、一個の受精した細胞が二個になり四個になり、十月十日して生まれて来るときはすでに三兆個ほどになるというから驚きます。しかし、これは体の仕組みや命の仕組みというものであって、自分が自分である理由としては説得力に欠けます。世界には七二億を超えるほどの人間がいるそうですが、過去にも現在にも、おそらく未来にも自分と同じ人はおらず、まったくこの世に一人だけの存在です。そんな唯一無二の自分というものが、何でできていてどうして自分になっているのか不思議で興味深いものがありますが、とっさには自分を語れる言葉が見つかりません。

料理にはジャガイモやニンジンや様々な材料が明確にあり、機械には複雑でも完璧な部品があります。しかし、人間はあまりに複雑です。性格や趣味や好みはわかっても、感性何グラム、創造性何グラムなどと計れるわけもなく、自分を構成しているものが見えにくいのです。そんな、混沌なるものこそ人間なのかもしれません。

日本には古くから「三つ子の魂百まで」という言葉があります。なぜ三歳か？厳密に三歳なのか？人間は常に変わるものではないのかなどと、人によっては受け止め方もいろいろあるようですが、一般的には「幼いころに培われた性格は、年を取っても変わらない」という意味で使われています。また、乳幼児期の脳の神経細胞の発達は著しく、三歳くらいまでにその八〇パーセントが完成されるとも言われ、脳内にはその強く受けた刺激の配線を残しているといいます。これは性格形成の原点とも言われ、なにやら科学的な証明もあるそうです。しかし、そんな難しさは避けて子どものように大らかに考えれば、つまりは人間の一生分の必要なものの大半が乳幼児期にあるということなのだと思うのです。

海外にも、「三歳定八十」や「The child is father of the man（子どもは人類の父である）」など、「三つ子の魂百まで」と同じようなことわざが存在しているところを見れば、国を問わず昔の人々は「子ども」が「自分」であると感じていたのではないでしょうか。特に日本ではそれを三歳の知恵とも三歳の性格とも言わず、「魂」と云う言葉を用いて、心や精神にしっかりと焦点を当てて人間の根本をわずか数文字でずっと伝えてきてくれたのだと思います。つまり、マトリョーシカ人形などの入れ子人形のように、大人は自分の中に様々な自分を抱き、芯には胎内仏のような子ども時代が祀られているということだと思います。

私もまた、ここまで子どもたちの言葉と旅をして、心はこんな風に育っていくものなのか、私もこうして私になって来たのかと自分を眺める思いになりました。子どもたちの言葉を味わいながら、ゆっくりと自分という故郷への旅をした思いがします。もし、「あなたは何で出来ていますか」と私に問う人がいたら、それがすべてではないにしろ「私は子どもで出来ています」と答えようかと思います。

そんな、現在の自分の芯が子どもであることを思えば、子どもは自分の故郷であり、原風景の見える場所です。

生まれた育った地を離れて暮らし、その地で暮らした年月の方がはるかに長いにもかかわらず、人は痛いほどに故郷を思います。また、同級会というものは他の会合と全く違う空気があり、どんなに年齢を重ねようとも、そこには一瞬に超えられる空間があるのです。

この郷愁感や同級会に共通してあるものは、自分の子ども時代ではないでしょうか。意識はしないにしろ、そこには家族の深い愛情や大らかな自然、無邪気に遊んだ友人、何にもまみれていないまっさらな自分がそこにあるのでしょう。また、時に孫でも知り合いでもない子どもたちの微笑みに癒され、一生懸命走ったり演技をする姿に涙がこぼれたりするのも、その子どもの中に「子どもだった自分」を見ているのではないでしょうか。ただ、故郷への帰省はお年寄りに限ったものでもなく、人は疲れた時や寂しい時や辛い時も、時々故郷に帰り自分を温めているのかもしれません。

子育て真っ最中のころ、私は雪片付けの大変さや通勤の不便さを嘆き、灰色の空に押しつぶされそうな長い冬に疲れ果てていたことがありました。そんな時、

「私ね、雪がふってくるとね、

胸がね、ドキドキしちゃうの」という子どもの言葉に出会いました。

その言葉は一瞬にして私を子ども時代という故郷に舞い戻し、面倒くさいとか大変とか忙しいの裏側にあった雪の美しさを思い出させてくれたのです。その翌朝の陽の光にきらめく雪野原の美しかったこと、子どものころのようなときめきでした。いつ帰っても暖かく、汚れた自分を洗い清めてくれる、子ども時代はなんとも豊かな故郷です。

また、子どもは人間の故郷でありながら、未来でもあります。『ハーメルンの笛吹き』という物語があります。ハーメルンの人たちは、ねずみ退治のお礼を果たさなかったために笛吹きの男に町中の子どもを連れ去られてしまいます。約束を守らなかった代償とはいえ、あまりにも大きなものを失ってしまいました。子どもたちを失ったハーメルンの大人たちに残されたもの、それは老いと滅亡であり、失われたものは未来と希望だったのではないでしょうか。私たちが安心して老いていけるのは、子どもたちがいるからです。子どもという未来が、夢や希望や様々なものを繋いでくれるという安心感があるからです。

子どもは、故郷としての「過去」とこれからの光となる「未来」という二面を併せ持っているのです。子どもとは、本当に不思議な存在です。

さて、この旅立ちに描いた目的や思いに、私は辿り着けたのでしょうか。まだまだ山は高く、森は深く、旅の途中という感は否めませんが、私なりの旅を楽しむことができました。そして、「子どもの言葉」の杖一本の旅のつもりでしたが、ここに来て、私を先導するたくさんの子どもたちの姿に気づきました。

デコボコ道、草木の茂る道、石や岩だらけの道、どろんこ、水たまり、様々な道をキャッキャと笑ったり走ったり潜ったりする姿、時折高い木や岩に上り方向を探ったり、私のもう片方の手を交代で引いてくれたりしている姿です。おそらく、ずっと一緒だったのでしょう。

旅先での折々の景色は豊かで、子どもたちとの語らいは愉快で、何とも楽しい旅でした。でも、道はここで終わるわけではありません。これからは、行き忘れたり行けずにしまった枝道にもゆっくり出かけてみたいと思います。また違う景色に出会い、新しい発見にワクワクするに違いありません。

旅は道連れ、次もまた、子どもと言葉たちと一緒に出かけたいと思っています。

あとがき

ある意味、これは私の卒論のようなものです。

ただ、論文の形も成していなければ研究の成果が示されているわけでもなく、三十八年間幼児教育に携わった私の単なる「思い」に過ぎないのかも知れません。

子どもたちと過ごす日々の中には、人間の原点、物事を斜めから裏から見る眼、しなやかな生き方など、子どもたちから学ぶことがたくさんありました。

子どもは小さくて幼いもの、可愛くて未熟なもののように見えますが、子ども社会は豊かで見事にしっかりと営まれています。しかも、「子どもの言葉」からは、人間の「心の窓」の景色さえ見えてきます。

そんな子どもの世界を多くの人に知ってほしいという願いと共に、子どもたちからもらった幸せのおすそ分けを私はしたかったのです。

そして、豊かな子どもの世界に浸った上で、子どもの言葉にはどんな思いが含まれているのか、保護者や保育者、周りの大人たちがどうかかわればどう子どもたちが豊かに幸せに育つのかを共に考えていただけたらと思うのです。

職場を卒業してから数年が経ちました。ようやくですが、「子どもたちから卒業証書をもらえるかな」と、この旅を振り返って思っています。

この本をまとめるにあたって、いろいろご助言を頂いたり、方向音痴の私に道を示していただいた方々に心より感謝しています。

表紙と扉の馬場泰先生の絵は楽しくて不思議な子どもの世界そのもので、この本の道案内をしていただきました。編集に携わっていただいた歴史春秋社の植村圭子さんには、校正や装丁はもちろんのこと細やかに対応していただきました。様々に関わっていただいた方々に、心よりお礼を申し上げます。

きっと、子どもたちも「ありがとう」とにこにこしていることと思います。

平成二十九年十一月

鶴賀イチ

参考文献

『あのね』　本郷幼稚園・保育所発行

『日本幼児詩集』　北原白秋偏　采文閣発行

『コドモノクニ名作選』　上巻・下巻　アシェット婦人画報社

『南京玉』　金子みすゞ　ＪＵＬＡ出版局

『金子みすゞ全集』―『金子みすゞノート』　矢崎節夫著　ＪＵＬＡ出版局

『子どもたちの１００の言葉』　イタリアレッジョ・エミリア市の幼児教育実践記録　株式会社学習研究社発行

『チュコせんせいの言葉と心の育児学』　樹下　節訳　理論社

『ゆらぎの不思議な物語』　佐治晴夫著　ＰＨＰ研究所

『うさぎ穴からの発信』　河合隼夫著　マガジンハウス

『子どもの生活圏とファンタジー』　齋藤文夫著

『童顔の菩薩たち』　佐藤浩著　ぱるす出版

『小さな言葉』　俵　万智　岩波書店

『言語と身体性』　今井むつみ・佐治伸郎他　岩波書店

『言の葉咲いた』　鶴賀イチ　歴史春秋社

『センス・オブ・ワンダー』　レイチェル・カーソン　上遠恵子訳　新潮社

鶴賀イチ
1971年～2009年　町立本郷幼稚園保育所勤務
2008年～2015年　会津大学短期大学部非常勤講師
2009年12月～2017年11月　会津美里町教育委員
受賞歴
北の児童文学賞　奨励賞「少女おけい」
福島県文学賞　エッセイ・ノンフィクション部門　正賞「恋するカレンダー」
福島県文学賞　小説・ドラマ部門　準賞「それからの旅」　他
著書
「少女おけい」「言の葉咲いた」「新島八重」（歴史春秋社）

馬場　泰
1955年　福島県南会津郡南郷村（現南会津町）に生まれる。
1992年　第46回二紀展奨励賞
1998年・1999年　福島県総合美術展　福島県美術賞
2000年　福島県総合美術展　福島県立美術館長賞
2003年　喜多方市美術館ふるさとの風景展大賞
2009年　ゆかいな魑魅魍魎たち・馬場泰展（喜多方市美術館）
2011年　がんばろう福島「生きる力・美の力」展（福島県立美術館）
2014年　第68回二紀展会員賞・春季二紀展会員賞
2016年　ゆかいな魑魅魍魎たちⅡ・馬場泰展（猪苗代町和みいな）
2017年　ゆかいな魑魅魍魎たちⅢ・馬場泰展（会津坂下町五浪美術記念館）
現在二紀会会員・会津美術協会副会長・会津若松ザベリオ学園小学校副校長

子どもの言葉と旅をして

2017年12月1日

著　者　鶴賀イチ
発行者　阿部隆一
発行所　歴史春秋出版株式会社
〒965-0842　福島県会津若松市門田町大道東8-1
電話　0242-26-6567
印　刷　北日本印刷株式会社